開拓社叢書 32

英語の時制の一致

時制の一致と「仮定法の伝播」

千葉修司【著】

開拓社

は　し　が　き

　私たちが日常用いている言語の中で，時を表す表現が重要な働きをしているであろうということは誰でもうすうすとは感じていることかもしれないが，その感じている中身は，せいぜい，「現在のことは現在形で，過去のことは過去形で」といった程度の漠然とした感覚に過ぎないと言っていいであろう．この場合，「現在形」や「過去形」と言っているのは，もちろん，日本語や英語に見られるように，動詞の時制が過去形や現在形の違いとして表されるということを指しているのである．ただし，現在形・過去形の区別のない動詞表現を用いている言語，たとえば中国語の場合であれば，中国語の話し手が，上で述べたのとはまた違った形で，言語の中に現れる時を表す仕組みについて，これまた漠然と感じとっているのかもしれない．

　日本語の「これ」「あれ」などの指示詞（直示表現）の用法と，英語に見られる this, that などの指示詞の用法との違いを探っていくと，時制の違いが微妙に関係する場合があることに気がつくかもしれない．たとえば，近くで（外で）何か物音がするのに驚いた場合，日本語で「いったい何だ，あの物音は！」のように言うところを，英語では，物音の種類によって，"What is that?" と "What was that?" のように，現在時制と過去時制を使い分けるようである．すなわち，前者は「うーん，うーん」（groan, groan）（という唸り声）や「ゴロゴロ」（rumble）（と岩がくずれ落ちる音）のような「継続音（continuous sounds）」の場合，後者は「バーン」（bang）（というピストルの音）や「ドサッ」（thud）（と大きなものが落ちてきたときの音）のような「瞬間的な音（instantaneous sounds）」の場合に用いるようである（千葉・村杉 (1987: 130–132) 参照）．（日本語で，「あれは（今のは）なんだった（の）？」と言うと，英語の場合とは異なり，とっさの驚きの表現とは受け取りにくくなるであろう．）このように，英語の場合は，用いている時制の違いから，（今どういう音を聞いたのか）その音の種類を大雑把なりとも推測できる仕組み

になっていると言える.

　英語の時制の用い方を調べてみると，私たちが日頃感じている以上に複雑で，どういう仕組みになっているのかよくわからない部分があることに誰でも気づくはずである.「現在のことは現在形で，過去のことは過去形で」というような単純な捉え方では，とうてい説明のつかないような用法がいろいろとあることを見出すことになる．文法のほかの研究分野と同じように，時制の仕組みについても，母語話者なら，自らの脳あるいは心の中に獲得している文法の働きに従って，これを無意識のうちに不自由なく使いこなすことができる，と言っていいであろう．ただし，英語の時制の仕組みについて，言語研究のために，あるいは外国語学習のために，意識的な取り組みにより実態を調べてみようとすると，上でも述べたように，奥行きが深くて，よくわからない部分があることに思い知らされることとなる．このように，時制の研究は，従来より，取り組むのが困難なやっかいなテーマであることが知られている (Declerck (1995: 1), Stowell (1996: 277) 参照).

　本書は，英語の時制の研究のうち，とくに「時制の一致」にかかわる部分に焦点を当て，日本人英語学習者の目指す学習英文法の観点をも取り入れて，重要だと思われる文法事項や言語現象について解説を試みたものである．理論的な研究としては不十分であるとの誹りは免れない面もあるが，そのような理論的研究を今後さらに進める上で必要となると思われる言語事実や関連事項についての考察については，できるだけ幅広い関連領域にまで行き渡るよう注意を払ったつもりである．

　そもそも，筆者が本書の執筆を思い立ったきっかけは，第9章において解説するように，仮定法過去の使用が単に一つの節の中で見られるだけでなく，関連する周りの節全体に波及する現象，すなわち，筆者の言う「仮定法の伝播」の現象と「時制の一致」の現象が同じものか，それとも別のものかについて，筆者なりの考えをまとめて見たいと思ったことにある．そのためには，学習英文法をとおして日本人英語学習者にはおなじみのこの時制の一致の現象が，伝統文法を始め，これまでの文法研究の中でどのように扱われてきたのか，さらに，現在，どこまで研究が進んできているのかを一通り探ってみる必要があることに気がついた．いったん研究を開始してみると，

時制研究の中のとくに時制の一致に関する部分に焦点を絞ったとしても，かなりの数の関連事項についても同時並行的に研究を進めなければならないことがわかり，結果的に，少なくとも本書の各章のタイトルに示すような関連テーマについて，一通り押さえておくことが必要であるとの認識を持つに至った．そこで，第 1 章の「時制表現と時とのずれ」から説き起こし，第 2 章の「時制の一致」へと進み，以下，この主要テーマ「時制の一致」にまつわる関連テーマについて順次まとめることとなった．

　本書は，全体としては，時制の一致に関する文法研究を目指すものであるが，とくに，学習英文法の中の「時の一致」の学習・教授にも資するようにと，第 5 章「時制の一致を正しく理解するための学習ストラテジー」を設けてある．さらに，英語母語話者に匹敵するほどの英語力を身につけようとする上級英語学習者の場合には，その他の章において話題となっている事柄についての英語の知識も，英語学習を高めるために十分に役立つはずである．

　近頃のインターネットに公開されている英語学習のためのドリルの中には，直接話法としての英文を入力すると，直ちに，それに対応する間接話法としての文が解答として得られるような便利なものも登場するようになったようである．そのようなドリルをも活用することにより，英語学習に役立てることは充分考えられるであろう．ただし，楠本 (2012) も指摘するように，学習項目の一つとしての「時制の一致」を，直接話法の文と間接話法の文に関する単なる書き換え問題として導入するだけでは，真の英語の実力向上にはつながらない恐れがある．少なくとも，英語教育に携わる者の場合は，英語教育の具体的場面において，時制の一致の現象にかかわる英語の仕組みを教える際に，本書で取り上げたような関連事項に関する幅広い英語の知識をも吸収することにより，より深みのある自らの教授法を工夫するのが望ましいであろう．

　本書の元になる原稿執筆をとおして，時制に関することばの仕組みについて，今まで気がつかなかった世界が広がっていることに筆者は新たに気づき，いまさらながら，言語研究の面白さを実感することができた．それと同時に，時制についても，充分わからない部分がまだまだ残されていることも再認識できたように思う．本書が時制の研究，その中のとくに時制の一致の

現象についての今後の研究にとって，いささかなりとも役立つことがあれば幸いである．拙著『英語の仮定法——仮定法現在を中心に——』(開拓社, 2013) に引き続き，本書の出版をこころよくお引き受けくださった開拓社に御礼申し上げたい．とくに，開拓社編集部の川田賢氏には今回も大変お世話になり，深く感謝申し上げる次第である．

   2018 年 5 月

千葉　修司

目　次

はしがき

第1章　時制表現と時とのずれ ……………………………………… 1

第2章　時制の一致 …………………………………………………… 10

第3章　時制の一致の例外 …………………………………………… 18
 3.1.　独立読みの現象 ……………………………………………… 18
 3.2.　de re 読みについて ………………………………………… 33
 3.3.　真偽値が未定の場合 ………………………………………… 40

第4章　完了形の場合に見られる時制の一致の現象 ……………… 44
 4.1.　従属節内の完了形と主節内の完了形 ……………………… 44
 4.2.　完了形と過去を表す副詞的表現 …………………………… 55

第5章　時制の一致を正しく理解するための学習ストラテジー
   …………………………………………………………………… 57

第6章　時制の一致と「状態動詞」 ………………………………… 69

vii

第 7 章　副詞節に見られる時制の一致の特徴⋯⋯⋯⋯⋯⋯⋯　75

第 8 章　時制の一致と「心的惰性」⋯⋯⋯⋯⋯⋯⋯⋯⋯⋯　81

第 9 章　仮定法の伝播⋯⋯⋯⋯⋯⋯⋯⋯⋯⋯⋯⋯⋯⋯⋯　88

第 10 章　関係節と補文に見られる違い⋯⋯⋯⋯⋯⋯⋯⋯　112
　10.1.　二重アクセス読みと独立読み⋯⋯⋯⋯⋯⋯⋯⋯⋯　112
　10.2.　独立読みが許されない場合⋯⋯⋯⋯⋯⋯⋯⋯⋯⋯　143

第 11 章　名詞表現に見られる時制の一致⋯⋯⋯⋯⋯⋯⋯　158

第 12 章　Higginbotham (2009) による時制の一致のシステム
　⋯⋯⋯⋯⋯⋯⋯⋯⋯⋯⋯⋯⋯⋯⋯⋯⋯⋯⋯⋯⋯⋯⋯　162

第 13 章　動詞の持つ意味特徴とのかかわり⋯⋯⋯⋯⋯⋯　165
　13.1.　発話動詞と叙実的動詞⋯⋯⋯⋯⋯⋯⋯⋯⋯⋯⋯　165
　13.2.　動詞の持つ「意図性の力」の違い⋯⋯⋯⋯⋯⋯⋯　172

第 14 章　時制の一致の作用方向⋯⋯⋯⋯⋯⋯⋯⋯⋯⋯　175

第 15 章　まとめ⋯⋯⋯⋯⋯⋯⋯⋯⋯⋯⋯⋯⋯⋯⋯⋯⋯　187

参考文献 ……………………………………………………… 189

索　引 ………………………………………………………… 199

英語の時制の一致

時制の一致と「仮定法の伝播」

第 1 章

時制表現と時とのずれ

　英語学習者が習得するのに困難を覚えることのある文法事項の一つとして，時制（tense）に関する問題を取り上げることができる．とくに時制を表す文法的形態素 Present と Past が，文の意味内容の上に反映される「現在」「過去」など時（time）の概念と必ずしも一致しないことがあるということに注意しなければならない．

　たとえば，下記例文の下線部の過去形動詞は，いずれも形態的には "Verb + Past" と分析できるが，意味内容の上からは，ある過去の時点における出来事を表すわけではない．すなわち，そこにあげた日本語訳からもうかがわれるように，下記例文（1a, b）は，過去・現在に限定されない一般的真理を表す諺の一つ[1] として解釈でき，また（2a, b）（Swan (2005: 426)）は，現在の相

---

[1] ことわざに見られる過去時制の用法について，大塚高信編『新英文法辞典』（改訂増補版）（三省堂，1970, p. 748 左）は次のように説明している．
　　過去において，いつも真実であったことは，現在・未来においても真実であろうと考えられる所から，過去時制をもって，現在時制と同じように，一見時にかかわりない真理を示す用法がある．主として格言的な文に用いられる（☞ GENERIC PRETERIT; GNOMIC PRETERIT）．Sigh no more, ladies, sigh no more, Men were deceivers ever — Sh., *Much Ado* II. iii. 65（お泣きなさるな，お嘆きあるな，男心はうそをつくもの）/ The course of true love never did run smooth — Id., *Mids. N. D.* I. i. 134（真実の恋というものは，決して都合よく行ったことはない）．

手の気持ちを丁寧に尋ねたり，現在の自分の意向を相手に丁寧に伝えたいときの言語表現として解釈できるからである。[2]

(1) a. Men were deceivers ever.
   （男心は変わりやすいが常だ）
   b. Faint heart ne'er [= never] won fair lady.
   （弱気が美人を得たためしはない）
(2) a. Did you want cream with your coffee, sir?
   （コーヒーにクリームお入れいたしましょうか）
   b. I was hoping we could have dinner together.
   （ひょっとして，夕食をご一緒できないかと思いまして...）

同じような時制上の問題を含んだ別の用法の例として，次のようなものがある．

---

[2] このように，丁寧さや婉曲を表す過去形の用法のことを Quirk et al. (1985: 203) は "attitudinal past"（態度の過去）と呼んでいる．「相手と距離を置いて相手の領域に踏み込まない」（溝越 (2016: 103)）配慮を表す敬語表現の一種と見ることができるであろう．丁寧表現としての過去形用法のさらなる例として，下記例文参照．
   (i) Were you wanting to see anything else, madam?
      （奥様，ほかにご覧になりたいものがございますか）
                                    （『新英和大辞典』第 6 版，研究社 (2002)）
   (ii) a. I wondered if you were free this evening.
       （今晩はおひまでいらっしゃるかしらと思いまして）
      b. I thought you might like some flowers.
       （何かお花を欲していらっしゃるのではないかと思いまして）
                                    ((a), (b) ともに Swan (2005: 401) より)
次のような対話（Declerck and Tanaka (1996: 292) より）においては，質問するほうも答えるほうも，ともに過去形動詞を用いていて，丁寧な物腰であることが感じ取れる．さらに，動詞 hoped の補文の中の法助動詞は，後ほど本文で取り上げる「時制の一致」の規則に従って過去形 could を用いるのが望ましい言い方であることもここでは示されている．
   (iii) Did you want me? — Yes, I hoped you could/*can help me clear up this mess.
      （何か御用でしょうか．—はい，私の抱えている難問を解決するためのご助言がいただけるのではないかと思いまして）
なお，この用法は，アメリカよりもイギリスにおいて発達している用法であることを柏野 (1999: 34) は指摘している．また，このような用法のことを Taylor (2002: 395) は "pragmatic softner"（語用論的緩和語法）と呼んでいる．

(3) a. "What day were you going to Bristol?"
       (= What day did you say you were ...)
    b. "Was it on Thursday or Friday you were going to Bristol?"
                                                    (Jespersen (1931: 155))

　上記例文 (3) においては，表面上，過去形動詞 were / was が用いられているが，これは，これからの予定として起こることを過去形で表す用法の一つである．この場合は，相手が今後の予定について一度述べた事柄に対し，それを聞き直す場面で用いている．日本語にも，「大阪にいらっしゃるのはいつでしたっけ」のように，同じような用法がある．
　このように，これからの予定として起こることを過去形で表す用法のことを Huddleston (1969: 787) は "future in past"（過去における未来）と呼んでいる．また，Declerck (1991a: 121) は "arranged-future-in-the-past"（過去において予定された未来）と呼び，ふつう，次の例文 (4a-c) のように過去進行形で表すことが多いと述べている．Enç (2004: 205) のあげている下記例文 (4d) も，この種の例の一つと考えられるので，ここに加えておこう．

(4) a. Mary was cleaning the house. She was having guests that evening.
       （メアリーは家を掃除していた．その晩，お客が来ることになっていたのだった）
    b. There was no point in inviting the Robinsons, as they were leaving the day before the party.
       （ロビンソン夫妻はパーティーの前日に出かけることになっていたので，夫妻を招待しようとしても無駄だった）
    c. When she accosted me I hardly had time to listen to her, because I was taking the ferry in half an hour.
       （彼女が私に近づいて話しかけてきたとき，彼女の話に耳を傾ける時間はほとんどなかった．というのも，30 分後にはフェリーに乗ることになっていたので）
    d. We decided to tell the prosecutor tomorrow that we were talking

to him reluctantly.
（私たちは明日検事に，不承不承ながらお話しますと伝えることを決心した）

Declerck (1991a: 121) はまた，この用法は，下記例文に見るように，たとえ予定していたことが，実際には実行されなかったことが明らかなような場合にも可能である（ただし，そのような場合には was going to を用いることのほうが多い）と説明している．

(5) He was leaving the country in June, but his accident has made this impossible.
（彼は6月に国を出ることになっていたが，自分の起こした事故によりそれも不可能となってしまった）

なお，このような場合，過去進行形を用いるのが最もふつうに見られる用法である (cf. Huddleston (1984: 146), Palmer (1988: 43)) が，進行形動詞によらない同種の表現も可能だということが，以下に示すような，Huddleston (1984: 146), Palmer (1988: 43) および中島 (2006: 38) がそれぞれあげている例文 (6a-c) からも理解できるであろう．

(6) a. The match starts tomorrow.—[Ah, yes, but] at that time the match started next week.
   （試合は明日開始となります──［えゝそうです．でも］当時は，来週始まることになっていたんですよ）
  b. At that time they didn't come till next week.
   （あのときは，彼らは来週まで来ないことになっていた）
  c. Originally entries closed tomorrow, but they've decided to allow another week.
   （元来登録は明日締め切りだったが，もう一週間猶予することにした）

以上のような用法について，中島は「将来行われることについて，すでに過去のある時点で決定済みである内容を述べる場合には，過去時制が用いら

れることがあります」のように説明している（(6c) の日本語訳は中島による）.³

　過去時制の特殊な用法の一つに，さらに次のようなものがある．すなわち，未来のある時点をあたかも発話時（utterance time, time of utterance）で

---

³ 同じような用法の例として，以下の例を参照．
(i) Columbo sat in The Store, with Mac, the detective from Vice. His day off had been spoiled. Mrs. C <u>was playing</u> bridge tonight. So, he figured he might as well check out something he needed to check out. Tomorrow <u>was</u> a day off, for sure. (William Harrington, *Columbo: The Glitter Murder*, p. 121, New York: Forge, 1997)
（コロンボは風俗犯罪取締班のマック刑事と一緒にレストラン・ストアに腰を下ろしていた．彼の休日は台無しなってしまっていた．コロンボ夫人は今夜ブリッジをすることになっていた．そこで彼は考えた．確かめるべきことがあったのをやってしまったほうがいいかもしれない．そういえば，明日は休日を取ることになっていたのだった）

このような用法は，後ほど第 14 章注 2 で取り上げる「自由間接話法（free indirect speech）」あるいは「描出話法（represented speech）」などと呼ばれている話法の一種とみなすことができるであろう．

なお，従属節の中の過去形動詞が未来を表す場合についての一般的特徴については，本文の第 2 章以降で取り上げる「時制の一致」の現象との関連の中で，久野・高見 (2013: 123) がまとめている下記 (ii) のような一般化，および下に (iii)–(vi) として引用した関連する例文（久野・高見 (2013: 113–122)）が参考になるであろう（例文の日本語訳のうち，(va, b), (via) 以外のものは原書にあるものである）．

(ii) 従属節の過去形 BE 動詞は，未来時解釈を受け得る．一方，従属節の BE 動詞以外の過去形動詞は，それが自己制御不可能な（[−self-controllable]）動詞の場合のみ，未来時解釈を受け得る．そして，従属節の BE 動詞以外の自己制御可能な（[+self-controllable]）動詞は，未来時解釈を示唆する表現が先行文脈にない限り，未来時解釈を受け得ない．

(iii) a. John **said** that he **was** incommunicado **all through next week**.
（ジョンは<u>来週はずっと</u>連絡が取れないと言った）
b. He **found out** that Christmas **was** a Friday **next year**.
（彼はクリスマスは<u>来年</u>，金曜日だと分かった）
c. The speaker **reminded** the audience that the President's term **was up next year / three years from now**.
（講演者は聴衆に大統領の任期が<u>来年／3 年後に</u>終わるということを言った）

(iv) a. I **realized** that my birthday **fell** on a holiday **next year**.
（私は，私の誕生日が<u>来年</u>祝日にあたることに気が付いた）
b. When we **figured out** that date **fell on** a Saturday **next year**, there was no way

あるかのようにみなし，その時点を起点として，これから起こる（可能性のある）事柄を，すでに起こったこと，今まさに起こっていること，あるいは，これから起ころうとしていることのように表すのに過去形動詞を用いる用法がある．

たとえば，下記例文 (7a-c) は，のちになって警察が（犯人探しのために）推理するであろうと思われる未来のある時点を，あたかも発話時であるかのようにみなして，問題になっている事柄（すなわち，これから起こる殺人事件）を，その時点から換算して，それより過去の出来事として捉える立場を

------

    we could pass it up.
    （我々がその日が来年土曜日にあたることに気が付いたとき，[結婚式を] その日にしないわけにはいかなかった）
(v) a. *He **said** that his son **graduated** from college **next spring**.
   cf. He **said** that his son **would** graduate from college **next spring**.
   （彼は息子が来春大学を卒業すると言った）
 b. *John **said** that he **remained** incommunicado **all through next week**.
   cf. John **said** that he **would** remain incommunicado **all through next week**.
   （ジョンは来週はずっと連絡が取れないままだと言った）
(vi) a. The game schedule I saw **said** that the Red Sox **played** the Yankees **next week**.
   （私の見た試合スケジュールによると，レッドソックスが来週ヤンキースと対戦することになっている）
 b. I simply **said** that I hoped I **played** 13 games **the following season**, so that I would be given another championship medal ....
   （私は，またチャンピオンシップ・メダルがもらえるように，来シーズン 13 試合でプレーすることを希望するとだけ言った）

すなわち，まず，(iiia-c) のように従属節の動詞が BE 動詞の場合は，一般的に未来時解釈が許される．それ以外の一般動詞の場合には，従属節の過去形動詞が fell のように自己制御不可能な動詞の場合は，未来時解釈は許される（上記例文 (iva, b) 参照）が，いっぽう，graduated のように自己制御可能な動詞の場合には，一般的に未来時解釈は許されない（上記例文 (va, b) 参照）．ただし，the calendar said（予定表によれば）や I hoped などのように，未来時解釈を示唆する表現が先行文脈にあれば，その限りではないということになる（上記例文 (via, b) 参照）．

なお，本文中に取り上げた例文 (4)-(6) については，表面上「主節＋従属節」の形になっていないので，そのままの形では，この久野・高見 (2013: 123) による一般化が当てはまるとは言えないが，主節として，the calendar said や according to the schedule などの表現に相当するものを補うといった手立てにより，両者を統一して捉えることができるようになるかもしれない．

表すために過去形を用いている（このような過去形の用法を田村（2005: 68）は「未来過去時制」と呼んでいる）．例文は，いずれも，Declerck (1991a: 121) より．

(7) a. This will make the police believe that he was killed yesterday.
（こうしておけば，彼が昨日殺されたものと警察は信ずることになるだろう）

b. This will make the police believe that you were staying here today, and not in London.
（こうしておけば，君が今日滞在していたのはここであり，ロンドンではなかったと警察は信ずることになるだろう）

c. (said while planning someone's murder) The police will believe that he was killed tonight.
（［誰かを殺すことを計画しながらの言葉］彼が今夜殺されたものと警察は信ずるだろう）

上記例文の中に用いられている場所ないし時を表す副詞 yesterday, here, today, tonight は，いずれも，ダイクシスあるいは直示表現（deixis）と呼ばれる表現であり，それぞれの文の発話時・場所を起点とする表示の仕方となっていることに注意．したがって，was killed と tonight が並んで現れる (7c) は，一見矛盾した言い方になっているように見えるが，was killed と tonight は異なる基準点をもとに選ばれているので，実際には矛盾することはない．すなわち，was killed は未来のある時点から見た過去時制を表しているのに対し，tonight の方は，発話時点である現在から見た「今夜」であり，それぞれ基準点が異なっていると言える．[4]

---

[4] Huddleston (1969: 787f.) は例文 "Now he leaves tomorrow" の全体的時制を過去に置き換えた文として "Yesterday he left tomorrow"（昨日の段階で，彼は明日出発することになっていた）をあげ，「このような例は，比較的まれであるが，非文法的とみなすべき理由はどこにもないように思う」と述べている．さらに，文脈的に見てもっとありそうな例文として，彼は下記例文 (ia) とともに，Palmer (1965: 89) による (ib) をあげている (p. 788).

(i) a. Yes, but at that time I didn't read my paper till next Wednesday.

このように，上記例文において過去形動詞が用いられているのは，ある意味で自然だと考えられるかもしれない．したがって，このような場合は，後ほど取り上げる「時制の一致」の場合とは異なり，表面上現れた時制表現に文法上・意味上の変更を加えて，時の解釈に関し正しい意味解釈が得られるように，適当に「計算し直す」という心的操作は必要ないことになるであろう．ただし，これらの例文は，過去時制の特殊な用法の一つになっているとは言えるであろう．[5]

また，Higginbotham (2009: 16) が下記例文 (8a, b) をあげて説明している英語の言語事実も，同じような現象として捉えることができるであろう．

　　　　　（ええそうです．でもあのときは，来週の水曜日まで自分の論文の口頭発表はしないことになっていました）
　　　b. They had to leave early as they started work the next day.
　　　　　（彼らは翌日仕事開始となっていましたので，早くに出発しなければなりませんでした）
なお，関連する言語現象として，注3にあげた例文および解説参照．
[5] このような過去形の特殊な用法の一つとして，次のような例文（Abusch (1997: 35ff.) より）を加えることができるであろう．
　(i) a. Sue expects to marry a man she met recently.
　　　　　（スーは，これから結婚する相手として，結婚するそれほど前ではない時期に会うことになる男と結婚することを考えている）
　　　b. Sue expects to marry a man she loved.
　　　c. Sue will marry a man she met recently.
これらの文では，単に，結婚するのがこれからのことであることを表すだけでなく，結婚することになる相手の男と会ったり，その男を愛したりするのもこれからのことになるというような意味を表している．すなわち，過去形動詞 met や loved で表されている過去時制は，「結婚する」という未来時から見ての過去時を表してはいるが，発話時である現在から見ると，過去ではなく未来を表すことになるという，少々込み入った状況を表すという解釈になる．
下記例文 (iia, b) も同じような種類の文である．
　(ii) a. I will charge you whatever time it took.　　　　　　　　(Heim (1994: 158))
　　　　　（とにかく要した時間ぶんの料金をいただきます）
　　　b. At the end of next term, I will give automatic A's to all students who turned in their term papers on time.　　　　　　　　(Abusch (1998: 13))
　　　　　（次の学期の終りには，レポートをおくれずに提出できた学生全員に機械的にAの成績をつけることにします）

(8) a. ??John will say tomorrow that it is raining now.[6]
　　b. 　John will say tomorrow that it was raining now.

　すなわち，まず，日曜日にジョンが "It was raining at noon yesterday." と言ったとしよう．さらに，その前日の土曜日のお昼にメアリーが "It is raining now." と言ったとしよう．このような場合，ジョンが日曜日に言うことになる上記発話のことをメアリーが完全に知っていたとして，さらに，現在の時点が土曜日のお昼であるということもわかっていたとしても，メアリーは，ジョンのその発話内容を予測して人に伝える文として，上記 (8a) のように，現在形動詞 is を用いた言い方はできないので，代わりに，過去形動詞 was を用いた上記 (8b) のような言い方をすることになる．

　このような場合，日本語では逆の結果になるようである．すなわち，下記例文 (9a) は許されるが，(9b) は許されない．

(9) a. 　今雨が降っている，とジョンは明日言う（ことになる）だろう．
　　b. *今雨が降っていた，とジョンは明日言う（ことになる）だろう．
　　cf. ?この時点で雨が降っていた，とジョンは明日言う（ことになる）
　　　　だろう．

---

[6] 例文 (8a) の副詞 now をはずしたような下記例文 (ia) の場合は文法的文となるが，ただし，その文は (ib) のような意味を表し，いっぽう，(iia) のような文は (iib) のような意味になるということにも注意したい．詳しくは，Cutrer (1994: Ch. 6) 参照．
　(i) a. 　John will say tomorrow that it is raining.
　　　b. 　John will say tomorrow: "It is raining."
　(ii) a. 　John will say tomorrow that it will be raining.
　　　b. 　John will say tomorrow: "It will be raining."

第 2 章

時制の一致

前の章では，表面上は過去時制が現れているように見えるのに，文字どおり過去の事柄を表すわけではないということを示す用法のいくつかを紹介した．このような英語の用法の一つで，英語学習者に比較的よく知られた例として，「時制の一致」の現象を取り上げることができる．たとえば，(1a) のような直接話法の文を (1b) のような間接話法の文に書き直すときには，元の動詞の時制に変更を加えて，主節の動詞の時制に合わせた形にする (cf. Jespersen (1931: 151)).[1]

(1) a. "I am glad to see you." / "I saw her on Tuesday."
　　b. He said that he was glad to see me. / He thought that he had seen her on Tuesday.
　　　（彼は私に会えてうれしいと言った／彼は火曜日に彼女の姿を見たと思った）

---

[1] 時制の一致のことを，一般的に Jespersen は back-shifting（後方転移）と呼んでいる．ただし，Jespersen (1931: 152) には，sequence of tenses の用語の使用も見られる．また，sequence of tenses の代わりに，concord of tense（時制の一致）(cf. Kruisinga (1932: 429ff.)), tense harmony（時制調和）(cf. Riddle (1986: 269)) や transposition（置換）(cf. Abusch (1988: 2)) の用語を用いることもある．時制の一致は，英語で "sequence of tense" のように (tense を単数で) 表記することもある (Binnick (1991: 71) 参照).

10

あるいは，下記例文 (Ross (1986: 198)) において，(2a) とは異なり，(2b) のように主節の動詞が過去形になっている場合には，従属節の時制を表面上主節に合わせた形の時制，すなわち，「見かけ上の (apparent) 過去形」[2] になるようにする．

(2) a. I believe that the sun is / was out.
   b. I believed that the sun *is / was out.
   （私は太陽が出ていることを信じた）

時制の一致の現象がごく自然な事象に思える場合の一つとして，Jespersen (1931: 152; 1933: 260) は次のような例文をあげて説明している．

---

[2] Pianesi (2006: 108) 参照．Ogihara (1996: 93) および Stowell (2007: 448) は，時制の一致による見かけ上の過去形のことを，それぞれ "dummy past tense"（にせ物の過去時制）および "concealed PRESENT"（隠された現在時制）と呼んでいる．英語の例文 (1b), (2b) の場合と比べ，日本語の場合は，むしろ「正しい」現在形や過去形を用いていると言うことができるであろう (Ogihara (1996: 122) 参照)．
なお，時制の一致による過去形が見かけ上のものであることを如実に示す例として，次のようなデータをあげてもよいであろう（下記例文 (ia, b), (iia, b) は，それぞれ，Hornstein (1990: 123, 162) より）．
 (i) a. Harry now understands / *understood our problem.
   b. John thought that Harry now understood our problem.
   （今やハリーが我々の問題を理解できるようになったとジョンは思った）
 (ii) a. The Canadiens are / *were in New York tomorrow.
   b. John said that the Canadiens were in New York tomorrow.
   （ジョンはモントリオール・カナディアンズが明日ニューヨーク入りするであろうと言った）
すなわち，上記例文が示すように，独立文としての (ia), (iia) の中では，それぞれ，過去形動詞 understood および were を用いることができないが，従属節の中でなら，時制の一致による「見かけ上の」過去形動詞として用いることが許されることがわかる．
ただし，例文 (ib) に見るような now の場合には，実質的な過去形動詞とも共起できる用法も見いだされるので，この例文は今ひとつ説得力に欠けるところがあると言えるかもしれない（三原 (1992: 53f.) 参照）．OED, 2nd ed. on CD-ROM, v. 4.0, s.v. "now" adv. 4 では，"At this time; at the time spoken of or referred to" の説明のもと，次のような例文を含む該当例をあげている（日本語では，「今や，この時点で，そのとき」のように，現在時制の「今」とは異なる表現を用いることが多い）．
 (iii) The war was now practically concluded.
   （戦争は今や実質的に終結していた）

(3) He told me that she was ill, but now (he tells me that) she is all right again.

すなわち，この文は，過去と現在で状態の変化の見られるような事柄について述べている．that she was ill（の元にある she is ill）の部分で述べられている事柄は過去に属することであり，もはや現在には当てはまらないことなので，このような場合，she is ill を she was ill のように，時制を過去に転移させて表現することは避けられないことになる．したがって，このような文の場合は，たとえ時制の一致の規則のことを知らないような英語学習者にあっても，that she was ill の部分が過去時制で表されていることは，ごく自然なことのように思われるであろうということになる．

日本人英語学習者にとって，このような場合の時制の一致の例文は，学習するのが比較的容易であると言えるかもしれないが，時制の一致の現象を全般的に眺めてみると，学習するのにかなり困難を感ずる場合がいろいろあるというのが現実の姿である．時制の一致に関し，日本人英語学習者の間違いやすい点を指摘したものはいろいろあるが，ここでは，代表的なものをいくつか紹介してみよう．

まず，時制の一致の規則に従わないと非文法的文になることを示す例として，Swan (2005: 248) の指摘している下記例文 (4a-c) のようなものをあげることができるであろう．

(4) a. Bill (on Saturday evening): I don't like this party. I want to go home now.
（このパーティーは嫌いだ．すぐに家に帰りたい）
b. Peter (on Sunday morning): Bill said that he didn't like the party, and he wanted to go home.
c. *Bill said that he doesn't like the party.

すなわち，直接話法の文 (4a) を間接話法の文に書き換えるときは，(4b) のように，時制の一致の規則に従って，下線部の動詞を過去形に変える必要があり，(4c) のような文は誤りとなることを指摘している．（ただし，例文

(4c) を (4b) に完全に対応させるとしたら，誤りの文としては，むしろ "*Bill said that he doesn't like the party and wants to go home." のようなものになるであろう．)

また，安藤 (2005: 695, NB 1) は，次のように，英語学習者・教授者の注意を促している．[3]

> 大学生でも，John said that he was happy. のような英文を日本語に訳すとき，英文の過去時制に引かれて，「ジョンは幸せだったと言った」とする傾向があるが，日本語には時制の照応は存在しないので，「ぼくは幸せ者だ，とジョンは言った」としなければならないことを徹底させる必要がある．

同じように，久野・高見 (2013: 105-106) も，下記例文 (5a, b), (6a, b) をあげながら，下に引用するように，適切なアドバイスを英語学習者に授けている．[4]

---

[3] 下に引用した説明の後さらに，日本語の「ジョンは幸せだったと言った」に相当する英語表現は，"John said that he had been happy" のようになるというような説明を加えると効果的かもしれない．

[4] 時制に関する日英語の違いの一つとして，英語の不定詞関係節 (infinitival relative clause) に関するものを指摘することができる．たとえば，下にあげる二つの例文を比べてみよう．

(i) a. The person to help you is Mrs. Johnson.
   　　(あなたを助けてくれる人はジョンソン夫人です)
　 b. Who was the first man to walk on the moon?
   　　(月面を最初に歩いた人は誰でしたか)

(ia) と比べ，(ib) のような文は，日本人英語学習者にとって比較的習得が難しいようである．その理由は，前者の場合は，日本語訳としても，「あなたを助けてくれる (べき / ことのできる) 人」のように，不定詞の部分の時制にあまり意識を働かせることなく，いわば直訳的な日本語表現を考えるだけで，そのまま正しく英語の理解に至るのに対し，後者の場合は，「月面を最初に歩く人」では，正しい日本語訳とは言えないという問題にぶつかるからである．求められている日本語訳は「月面を最初に歩いた人」のような訳である．(上記例文 (ia) および (ib) に用いられている不定詞の用法を，それぞれ，irrealis infinitive (非現実的不定詞) および realis infinitive (現実的不定詞) の名前で区別することがある (Kjellmer (1975), Pesetsky and Toprrego (2001: 398), Hackl and Nissenbaum (2012) 参照．なお，前者の用法の不定詞は，法助動詞 could, should などが意味的にかかわっているので mod-

(5) a. I **noticed** that she **was** hungry. So we went to a nearby restaurant.

b. *I **noticed** that she **is** hungry. So we went to a nearby restaurant.

(6) a. When I went to the station, I **was** informed that I **had** to take the Piccadilly line instead of the District line because of an electrical

---

al infinitive（法的不定詞）と呼ぶことができる。）
　いっぽう，下記例文 (ii) のように，不定詞の部分が完了形になっていたり，過去時制の明示された節の形で表されているような場合には，学習するのにさして困難なことはないと言えるであろう．
(ii) a. Descartes is the first to have clearly stated the problem.
（デカルトはその問題を明確に述べた最初の人です）
b. I was the only student teacher in the class who had failed in the examination.
（私はその試験に落第した，クラスで唯一の教育実習生だった）
　上で指摘したような問題の生じる主な原因は，対応する日本語表現では，ふつう，「〜する／〜した最初の（最後の／最も〜な）人」のように，未来・現在・過去などの時制が明示されるような場合でも，英語の場合は，表面的に時制の欠けた不定詞を用いることができるというところにあると思われる．このような問題を秘めた類似の英語の例文をさらにいくつか下にあげてみよう．
(iii) a. Amelia Earhart was the first woman to fly across the Atlantic Ocean alone.
（アメリア・エアハートは大西洋単独横断飛行に成功した最初の女性であった）
b. Bill Clinton became the second president to be impeached.
（ビル・クリントンは弾劾された二人目の大統領となった）
c. A gas explosion killed at least 203 workers in the worst disaster in 15 years to hit the world's most dangerous mining industry.
（世界で最も危険な採掘業現場を襲った，過去15年における最悪の災害事故では，ガス爆発のため少なくとも203人が死亡した）
　英語の場合，このような不定詞の表現には，意味解釈上必要なはずの，たとえば，「過去」を表す時制要素 PAST に関する情報が表面上欠けていることになる．したがって，不定詞の部分に補うべき過去時制は，主節の時制との関係を（認知的に）計算する結果得られることになるので，日本語と比べ，意味解釈がそれだけ認知的により複雑になっているのかもしれない．（理論言語学ないし文法研究の分野において，この種の研究テーマをさらに追求していくときには，Kjellmer (1975), Stowell (1982), Hornstein (1990: 146ff.), McCawley (1998: 221-223), Bhatt (2006) なども参考になるであろう．）
　なお，日本語の場合でも，「〜する最初の人となった」の下線部のように，過去時制を明示しない表現が，意味解釈上は過去時制を含んだ内容の自然な表現として受け取ることのできる場合もあるようである．（この注において取り扱った内容の一部は，すでに千葉 (2005, 2006) において発表したものである．）

problem.
（私が駅に行くと，電気系統の故障のため，ディストリクト線ではなくピカデリー線を利用しなければならないと告げられた）
b. *When I went to the station, I **was** informed that I **have** to take the Piccadilly line instead of the District line because of an electrical problem.

(10)（＝上記例文 (5)）や (11)（＝上記例文 (6)）を日本語にすると，「私は，[彼女がお腹がすいている]のに気づいた」，「私は[ピカデリー線に乗らなければならない]と言われた」のように，従属節が現在形になることから，母語の日本語の影響を受けて，(10b)（＝(5b)）や (11b)（＝(6b)）のような間違いをする高校生や大学生を多く見かけます．そのため，日本語に引きずられてこのような間違いをしないよう気をつけましょう．

上に見るような日英語の違いは，世界の言語の中に，時制の一致の規則を持つ言語と持たない言語があるという事実と関連させて捉えることができる．前者および後者のグループに属する言語の例として，Higginbotham (2009: 99) は，それぞれ，英語・イタリア語および日本語・ヘブライ語をあげている．なお，後者のグループに属する言語としては，さらにロシア語 (cf. Enç (1987: 636f.), Khomitsevich (2007))，ポーランド語 (cf. Kusumoto (2000))，オランダ語 (cf. Hollebrandse (2000), Khomitsevich (2007))，ハンガリー語 (cf. Coulmas (1986: 14))，古典ギリシア語 (cf. Hornstein (1990: 218, note 6))，サンスクリット語 (cf. Kiparsky (2002: 9))，朝鮮語 (cf. Chung (2002: 13)) を加えることができる．

時制の一致の現象を "public expression / public self"（公的表現／公的自己）および "private expression / private self"（私的表現／私的自己）の概念を用いて捉えようとする興味深いアイデアが，廣瀬 (1988a, 1988b), Hirose (1995), 廣瀬・加賀 (1997) において提案ないし示唆されている．ここでは，Wada (1998: 177ff.) による解説も参考にしながら，廣瀬によるアイデアの概略のみ紹介しておこう．

Wada (1998: 177) のあげている下記例文 (7a, b) のうち，直接話法の文 (7a) に見られる引用部，すなわち "Natsumi is sick" の部分は，もともとの発話者である Rieko による発話内容を，この文の発話者が伝達を目的として "public expression" (公的表現) の形で伝えようとしているのに対し，間接話法の文 (7b) に見られる引用部，すなわち "that Natsumi was sick" の部分は，Rieko の心的内容や考えを "private expression" (私的表現) の形を通して外部に伝えようとしているものと捉えることができる．

(7) a. Rieko said, "Natsumi is sick."
   b. Rieko said that Natsumi was sick.

上で用いた「公的表現」「私的表現」というのは，廣瀬 (1988b: 8) によると次のように説明される．

> 伝達を目的とした言語表現行為を「公的表現行為」と呼び，伝達を目的としない言語表現行為を「私的表現行為」と呼ぶ．公的表現・私的表現とは，それぞれ，公的表現行為・私的表現行為で用いられる言語表現 (のレベル) のことをいう．公的表現行為と私的表現行為の根本的な違いは，前者では聞き手の存在を考慮に入れるが，後者では考慮に入れないという点にある．

廣瀬 (1988b: 8) は，このような公的表現・私的表現の概念を用いて，直接話法と間接話法の違いを次のような形にまとめている．

(8) 直接話法とは「公的表現」の引用であり，間接話法とは「私的表現」の引用である．

さらに廣瀬は，「私的自己 (private self)」「公的自己 (public self)」という概念を提案し，次のように説明している．すなわち，「私的自己とは私的表現行為の主体，公的自己とは公的表現行為の主体のことで，それぞれ，思考の主体・伝達の主体とみなしてもよい．」(p. 10) たとえば，上記例文 (7a) の Rieko (およびその文の発話者) は 公的自己を表すのに対し，(7b) の Rieko は 私的自己を表すものと捉えることができるであろう．

このような捉え方をもとに，間接話法に見られる日英語の時制の表現方法の違いについて次のように説明している（廣瀬・加賀 (1997: 33) より）．

(9) 私的表現中の時制は，日本語では私的自己に結びつけられるのに対し，英語では公的自己に結びつけられる．

すなわち，日本語の場合には私的自己の側から見た時制の選び方になっているのに対し，英語の場合には公的自己の側から見たものとなっている．これを上記例文 (7b) に当てはめると，that Natsumi was sick に見るように，公的自己としての発話者の立場から見た過去形動詞を用いるのが英語の場合であり，いっぽう，日本語の場合は，「Natsumi が病気であると」のように，私的自己としての Rieko の立場から見た現在動詞を用いているということになる．

以上，概略的ながら紹介した公的表現・私的表現および公的自己・私的自己のアイデアは，後ほど第 3 章第 2 節で取り上げる de re / de dicto の対比を通して見た時制の一致の捉え方にも相通ずるところがあり，また，日本人の英語学習者が陥りやすい時制の一致に関する誤りについて考える上でも参考になる点が含まれている興味深いアイデアであると言えるであろう．詳しくは，廣瀬 (1988a, 1988b), Hirose (1995), 廣瀬・加賀 (1997), Wada (1998: 176ff.) を参照．

第 3 章

時制の一致の例外

3.1. 独立読みの現象

英語に見られる時制の一致の現象には，よく知られているように，例外のように見える場合がある．すなわち，次の例文 (1a, b), (2a, b) に見るように，普遍的真理を表す場合や，現時点でも変わらない習慣・性質・事実などを述べていると判断される場合である．[1]

(1) a. We learnt at school that 2 and 2 is 4.
    b. The ancients did not know that Africa is an island.
      （古代人たちは，アフリカが島だとは知らなかった）
(2) a. John said that Mary is pregnant.
      （ジョンは，メアリーが妊娠していると言った）
    b. Julia testified that her husband is insane.
      （ジュリアは夫が気が狂っていると証言した）

Jespersen (1931: 152f.) は，(1a) のような例文のほうが (1b) の場合よ

---

[1] 例文 (1a, b) および (2a, b) は，それぞれ，Jespersen (1931: 152f.) および Abusch (1988: 2) より．

り，現在形を選ぶことに迷いを感ずることが少ないということを指摘している．実際，(1b) のような場合には，is/was いずれを選ぶべきかについて迷ってしまうということを（言語学者で英語母語話者でもある）Sweet (1900: 70) が述べているのを Jespersen は紹介している．これはすなわち，時制の一致をさせない文の場合は，一般的に，その従属節で言われている内容について，その文の発話者自身が疑いを抱くことなく，そのとおり信じている可能性が高いのに対し，時制の一致をさせた場合は，問題となっている意味内容について疑いを抱いているか，あるいは，そのどちらであるとの態度表明をするのを避けて，いわば中立的立場で，そのまま相手に伝えようとする意図がうかがえることになる（Declerck (1991a: 523) 参照）からであろう．したがって，上記 (1a, b) の例文について言えば，"2 and 2 is 4" は疑いを挟む可能性が低い内容なので，(1a) の文のように言うことには抵抗がないが，いっぽう，従属節が "Africa is an island" となっている例文 (1b) の場合は，「スエズ運河がまだなかった古代とは異なり，今では，アフリカは中近東と切り離されて島となっていると言っていいのではないだろうか．それとも，依然として，島ではなく陸続きと言えるのだろうか」などと判断に困ってしまうであろう．（「大陸」と「島」の区別にこだわる人もいるかもしれない．）したがって，時制の一致させない (1b) のままでいいのか自信を持って言えないというのが，大方の英語母語話者の抱く本音なのかもしれない．[2]

---

[2] 例文 (1b) の場合と比べると，下記例文（Schlenker (2004: 558) より）のような場合は，時制の一致に従った文が自然な文となるかどうかの判断が容易であると言えるであろう（# の記号は，語用論的に不自然な文であることを表す）．
(i) a. #Two years ago John claimed that Mary is pregnant.
（2 年前ジョンはメアリーが妊娠していると主張したが，彼女は今もその状態が続いている）
b. Two days ago John claimed that Mary is pregnant.
(ii) a. Two years ago John claimed that Mary was pregnant.
b. Two days ago John claimed that Mary was pregnant.
すなわち，例文 (ia) は，2 年前に妊娠していた状態が今でも続いているというような読みが含まれた文なので，人間のふつうの妊娠期間（十月十日）を考えた場合，語用論的に不自然な内容の文であることになる．（ただし，Mary が（妊娠期間が 2 年以上に及ぶことのある）象のことを指しているのであれば，この文は自然な文であると解釈されることになるであろ

上記例文 (2a, b) も，時制の一致をさせない表現になっているが，このような文は，従属節の部分が，いわば直接話法的な機能を持った文として解釈されることになると言っていいであろう．事実，Close (1975: 45f.) は，下記 (3a) の三つの例文は，それぞれ (3b) のような言い換えが可能であると説明している．

(3) a. I told you (that) { the road is closed / the bridge has collapsed / no one can cross it }.

b. { The road is closed / The bridge has collapsed / No one can cross it }, I told you that before.

(例文 (3a) を (3b) のような文に書き換える規則 Downgrading (格下げ) については，後ほど第 14 章において再度取り上げることになる．ただし，(3b) の I told you that before の部分には指示詞 that が用いられているので，厳密な意味での格下げ構文とは言えないであろう．)

う．) いっぽう，時制の一致の見られる例文 (iia) は，「今も妊娠している」というような読みは含まれていないので，問題のない文であるということになる．ただし，Mary が象だったとしても，「現在 Mary が妊娠している」その妊娠が，2 年前に John が主張した「Mary の妊娠」とは別の，その後の妊娠を指すのだとしたら (そのようなことなら，人間の Mary の場合でもありうることとなるが)，Mary が象の場合も人間の場合も，例文 (ia) のような文は受け入れられないことになる．すなわち，このような文が可能となるためには，「同一の事象」を対象とするものでなければならないという条件があるということを Stechow (1995: 377)，Ogihara (1996: 200) が指摘している．そのようなことを考えると，上記例文 (ia) の日本語訳の後半部を，「彼女は今 (も) 妊娠している」と訳すのでは，前回とは別の新たな妊娠のことを言っているようにも聞こえるので，正確ではないということがわかるであろう．そういうことなら，筆者が与えた日本語訳自体もまだ不十分で，曖昧性が残っているということになるかもしれない．

なお，上記例文 (1a) と同じように，ふつうは不自然な文とされる下記例文 (iii) のような場合でも，もし，she がレオナルド・ダ・ビンチのモナリザを指し，また，彼女が妊娠しているとしたならば，この文は自然な文として受け取ることができるということを Schlenker (2004: 593, note 15) が指摘している．

(iii) #He learned ten years ago that she is pregnant.

第 3 章　時制の一致の例外　　　　21

　同じように，Curme (1931: 418-419) が以下のような例 (4a, b) をあげながら指摘するように，直接話法の中で，現在形あるいは未来形動詞で表現されている事柄が，現在も起こりつつあるか，この先しばらくは同じ状態が続くということを示そうとする場合や，あるいは，それらの事柄がこれから未来において起こる事柄であることが，現時点においてもひしひしと感ぜられるような場合には，間接話法的表現になっても，そのまま同じ形態の動詞が用いられることがしばしば見られるということも知られている．さらに，下記例文 (5a, b) についても，同じようなことが当てはまるであろう．[3]

(4) a. His first remark this morning was that the painters <u>are</u> still at work on his house and <u>will be</u> for some time.
（今朝一番に彼が口にしたことは，塗装工たちがまだ彼の家の仕事にかかっていて，まだしばらくはこの状態が続くだろうということだった）

b. He told me this morning that he <u>is going</u> (or <u>will go</u>) with us tomorrow.
（今朝彼が私に告げたのは，明日我々と一緒に出かけるということだった）

(5) a. President Donald Trump said Thursday that the United States

---

[3] Sakita (2002: 176) に引用されている Goodell (1987: 309f.) の指摘する次のようなデータもここに加えることができるであろう．
(i)　Mother:　Girls, I want you to clean up the kitchen.
　　　　　　（台所のお片づけをしておいてちょうだいね）
(ii)　Debbie:　What did Mom say?　I couldn't hear her.
　　　Mary:　She said she <u>wants</u> us to clean up the kitchen.
(iii) Debbie:　What did Mom say before she left yesterday?　I couldn't hear her.
　　　Mary:　She said she <u>wanted</u> us to clean up the kitchen.
すなわち，上に示す対話は，母親が娘たちに (i) のように言ったと想定して，娘の一人 Debbie が，母親がなんて言ったのかを Mary に尋ね，それに Mary が答える場面でのやりとりを表したものとなっている．娘たちのやりとりは，(ii)，(iii) に示すように，2 種類の異なる対話から構成されている．すなわち，(ii) の対話は，母親の発言 (i) のすぐ後に行われたものであり，(iii) の対話は，母親の発言の翌日になってからのものとなっている．興味深いことに，Debbie の質問に答える Mary の発話の中に時制の一致が見られる・見られないの違いを見いだすことができるのがわかるであろう．

will withdraw from the landmark Paris climate agreement.

(CNBC, Politics, 2 June 2017 <http://www.cnbc.com>)

(トランプ大統領は木曜日，アメリカが画期的なパリ環境協定から脱退すると述べた)

 b. "I am sorry," she said, "but I told Mr. Martin yesterday that we are not thinking of selling." (Riddle (1986: 275))

(「申し訳ありませんが」と彼女は言った．「私共はそれを売却するようなことは考えておりません」と昨日マーチンさんにお答え致しました)

これまで上で取り上げた，時制の一致の例外となる場合の一つとしての「普遍的真理」にかかわる場合について，Jespersen (1933: 261) はまた，下記例文のように，普遍的真理のような内容を持ったものでも，時制の一致の例外にならない場合があるということを指摘している．

(6) a. My father convinced me that nothing was useful which was not honest.

(何事もありのままでなければ役に立たないということを父は私に納得させた)

 b. It was a saying of his, that no man was sure of his supper till he had eaten it.

(夕食というものは，実際にそれを食べ終わるまでは誰も確信の持てないものだというのが彼の口癖だった)

このことに関連する興味ある例として下記例文の場合を考えてみよう．

(7) New York City Mayor Bill de Blasio said [that there is no evidence [that Saturday's explosion in Manhattan was linked to terrorism]], but he did say it was "intentional."

(*The Boston Globe*, 18 Sept. 2016 <http://www.bostonglobe.com>)

(ニューヨーク市長ビル・ドゥ・ブラジオは，マンハッタンで起こった土曜日の爆発事故をテロ事件に結びつける証拠はないと言ったが，「故意に起こされた」ものであるということは断言した)

上記例文 (7) の中の "that there is no evidence" の部分に現在形動詞 is が用いられていることにとくに注意したい．これは，この部分の意味内容が，この文の発話時点においても依然として事実であることを表すために，時制の一致に縛られない用法としての現在形動詞が用いられているのである（すぐ後ほど，このような「独立読み」の用法について説明する）．

ただし，これとは逆のケースもある．次にあげる文は，発話時点において一般的事実であるとこれまで広く考えられてきているある事柄に疑いを持った一人の科学者についてレポートした新聞記事からの引用である．

(8) She had previously questioned the safety of vaccines and [the evidence [that human activity was causing global warming]], both widely held views in the scientific community.
(David Abel, "Mish Michaels isn't alone: Many meteorologists question climate change science."
(*The Boston Globe* 13 Feb. 2017 <http://www.bostonglobe.com>)
（ワクチンの安全性ならびに，地球温暖化をもたらしているのが人間の活動によるものだとする証拠—この二つながら科学者の間では広く受け入れられてきた見解であったが—彼女は以前それらに疑問を呈していたのだった）

すなわち，the evidence を修飾する内容節としての that 節は，この文の発話時点においてもその真実性が依然として成り立つ可能性のある内容（少なくとも，これまでは広く受け入れられてきた考え方）となっているが，ここでは，まさに，その「証拠」なるものの信ぴょう性を問題にしているという内容の文であるので，時制を発話時（utterance time, speech time）に合わせた現在形でなく，時制の一致に従った過去形にしてあるものと理解される．[4]

---

[4] 例文 (4), (5) についての筆者の説明が正しいとすると，Riddle (1986: 275) のあげている下記例文 (i) の場合も，「事実であることを主張している」ので現在形が用いられているというような説明になるはずであるが，筆者の期待とは裏腹に，この場合は，「従属節の中に述べられている状況がまだ未解決である」ということを示すための現在形の用法であるとの説明が Riddle によって与えられている．

(i) The paper claimed today the mayor is involved in that big tax fraud cover-up they've been investigating.

上記例文 (1a, b), (2a, b), (3a) のように，時制の一致に左右されることなく，従属節が独立した時制，あるいは，発話時に合わせたような時制を持つような場合の文の解釈のことを，Abusch (1988: 12, note 1) は "independent reading"（独立読み）と呼んでいる．この場合の「独立」を表す専門用語としては，independent の代わりに deictic（直示的）(cf. Huddleston (1969), 安藤 (2005), 金子 (2009, 2014))，speaker-oriented（話者指向の）(cf. Smith (2009))，absolute（絶対的）(cf. Declerck (1991a)) あるいは（ラテン語の）de re（事象的）[5] (cf. Pianesi (2006)) の用語を用いることもある．Allen (1966) はまた，「時制の一致が絶たれる」という意味で，"broken sequence"（絶たれた一致の現象）と呼んでいる．

　なお，久野・高見 (2013: ch. 8) は，時制の一致の見られる場合の時制を「相対時制」と呼び，これに対立させて，(時制の一致に従わない場合を含め) 現在時を基準にした時制のことを「絶対時制」と呼んでいる．(「相対時制」および「絶対時制」の用語は，Comrie (1985), Declerck (1991a: 87), Declerck and Tanaka (1996) の用いている "relative tense" および "absolute tense" にそれぞれ相当する概念である．) ちなみに，久野・高見 (2013: 10) によると，時制の一致は，「絶対時制を相対時制に変える規則」であるということになる．同じような捉え方が，Declerck (1999: 490ff.) にも見られる．

　時制の一致の例外として上で取り上げた，独立読みの可能な場合の例文，

　　　　（目下捜査中の高額税金詐欺隠蔽工作事件に市長がかかわっていると，本日，新聞は主張した）
　この例は，後ほど第 3 章第 3 節で取り上げることになる「問題となっている命題によって表されている事態・状況が未定の状態である場合」に相当するということであろうか．
　なお，普遍的真理の一つとみなすことが十分可能な場合でも，「普遍的真理なら現在時制になる」というわけでもないということが，Declerck (1991b: 187) のあげている下記例文 (ii) のようなデータからもわかるであろう．
　　(ii)　The Ancient Greeks did not know yet that the earth is/was round.
　　　　（古代ギリシア人は地球が丸いということをまだ知らなかった）
すなわち，Declerck (1999: 490ff.) によると，時制の一致に従った表現を用いるほうが無標の (unmarked) 選択となり，したがって，いつでもそれを選ぶことができると同時に，それを選ぶことにより不自然な文が生まれるということはないということになる．
　　[5] de re の解説については，本章の第 2 節参照．

すなわち，(1a, b), (2a, b), (3a) の例文は，従属節の動詞が現在形（あるいは，法助動詞 will）を用いた例となっているが，独立読みの場合は，will を用いる場合も含め，常に現在形動詞となるわけではないということにとくに注意したい．すなわち，過去形動詞を用いた独立読みの場合もあるということである．このことに関し，安藤 (2005: 696f.) があげている次のような説明が役に立つと思われるので，例文（および日本語訳）とともにここに引用してみよう．

> (6) (＝下記例文 (9a)) のような「歴史的事件」についても，学校文法は時制の照応を受けない場合として説明してきたが，それは，時制の照応が生じないというよりも，むしろ，話し手が発話時を基準として（つまり，直示時制を選んで），過去の事件を述べている以上，過去時制は選ばれるべくして選ばれたのだ，と言うべきである．発話時を基準時とする場合は，(6) のように 15 世紀の事件であろうと，次の (7) (＝下記例文 (9b)) の例のように，10 年前の事件であろうと，すべて同一の過去時領域に起こったものとして，とらえられるのである．

(9) a. I know / I learned / He will tell you that Columbus discovered America in 1492.
   （コロンブスが 1492 年にアメリカを発見したことを，私は知っている／私は学んだ／彼が教えてくれるだろう）
   b. John said that his father died in 1994.
   （父は 1994 年に死にました，とジョンは言った）

すなわち，上記例文に見る過去形動詞 discovered, died の用法の場合も，従属節が独立した時制，あるいは，発話時を基点とするような時制を持つような場合は，独立読みの可能な場合の一つとみなすことができるかもしれない．ただし，これ以降の箇所においては，「独立読み」の用語は，発話時としての現在時制に合わせた時制，すなわち，現在時制としての読みの場合に限定して用いることにしたい．

このような独立読みが可能となる従属節の動詞の持つ条件として，「状態

を表す動詞（stative verb）」でなければならないということをあげることができるであろう（Enç (1987), Gennari (2003), Kusumoto (2005), Higginbotham (2009) 参照）。たとえば，上記例文 (1), (2) は，いずれもこの条件に適っていると言える。さらに，Imai et al. (1995: 31) のあげている下記例文 (10a-c)，これは，時制の一致をさせてもさせなくても文法的文が得られるような場合の例としてあげられているものであるが，このような例文の場合にも，同じことが当てはまる。（例文 (10b) は，毎朝行われる習慣的行為のことを言っているので，やはり，広い意味での「状態を表す」と言えるであろう。）

(10) a. Rinzo Mamiya discovered that Karafuto is/was an island.
（間宮林蔵は樺太が島であることを発見した）
b. John told me he takes/took a cold shower every morning.
（毎朝冷たいシャワーを浴びるんだとジョンは私に語った）
c. Mary said her sister is/was studying linguistics at MIT.
（メアリーは妹がマサチューセッツ工科大学で言語学を勉強していると言った）

いっぽう，たとえば，下記例文 (11a) のように，動詞 leave の現在形が用いられているような場合（動詞 leave のように「状態動詞」に対立する動詞の名称として，「事象動詞（eventive verb）」の用語を用いることがある）は，問題の条件を満たしていないので，独立読みの解釈を目論んだこの文は非文法的文となる。したがって，このような場合，(11b) または (11c) のような言い方が求められることになる。

(11) a. *John said that Mary leaves.
b. John said that Mary left.
c. John said that Mary had left.

ただし，(11b) は，John said, "Mary leaves/is leaving." に相当する解釈は許されないので，この文は時制の一致の結果得られる文とは言えないことになる（Higginbotham (2009: 174f.) 参照）。（なお，注 7 に取り上げる例文 (i), (ii) のような場合があることにも注意）。このことに関し，Hornstein (1990:

124), Higginbotham (2009: 174f.) は，時制の一致としての解釈の許される条件として，上に取り上げた独立読みの場合と同じように，従属節が「一般的に状態を表す場合に限られる」という条件があることを指摘している（このことについては，後ほど第 6 章において再度取り上げることにしたい）．なお，Kiparsky (2002: 12) は，（状態を表す述語とは反対に）「完結的 (telic)」述語からなる従属節の場合には時制の一致が起こらないという趣旨の説明をしているが，これも同じような言語事実を捉えようとしたものと理解できるであろう．⁶

---

⁶「完結的」の代わりに「事象的，出来事的 (eventive)」の用語を用いることもある (Gennari (2003), Kusumoto (2005) 参照). また，Wada (1998: 170) が用いている "bounded"（完結的，終結点のある）(cf. "unbounded"（非完結的）) の用語によっても，同じような言語事実を説明することができるであろう．すなわち，下記例文 (ia, b) のような場合とは異なり，(iia, b) のように，従属節の意味内容が「完結的性格」(bounded nature) を持ったような文の場合は，従属節の過去形動詞は時制の一致によるものではなく，もともとの過去形がそのまま用いられていると解釈されることになる（例文は，いずれも Wada (1998: 170) より）．

(i) a. Mary said that she was pregnant.
    b. I heard that Sally was in London.
(ii) a. Mary said that she finished her homework.
    b. John said that he wrote a book.

Kusumoto (2005: 324) は，事象的動詞の場合でも同時読みの可能となるような例として，下記例文 (iii) をあげ，この文が (iva, b) に示すような二つの読みを許す曖昧文となることを指摘している．

(iii) The announcer said that Ichiro struck out.
(iv) a. The announcer said, "Ichiro strikes out."
    b. The announcer said, "Ichiro struck out."

なお，事象的述語 (eventive predicate) が同時読みの解釈を許すことを示す例として，Kusumoto (1999) がさらに下記例文 (v), (via-c) のような例を取り上げているということを Khomitsevich (2007: 93) が指摘しているので，参考のためここに引用しておこう．

(v) Elliott observed/noticed/perceived that Josephine got hurt.
(Kusumoto (1999: 101))
(vi) a. I thought the glass fell by itself. I didn't know you pushed it.
    b. He didn't realize that his car hit the curb.
    c. The pilot was sure that the plane landed in the correct spot.
((a)-(c) ともに Kusumoto (1999: 102))

このようなデータは，Khomitsevich によると，Barbara Partee との個人的談話をとおして Kusumoto が入手したものであるとのことである．なお，上記例文 (v)-(vi) の持つ特徴は，

いっぽう，状態動詞とは言えない leave が用いられても，上記例文 (11c) の場合には，時制の一致の結果であるとみなすことのできるその理由について，Higginbotham (2009: 174f.) は次のように述べている．すなわち，「結果状態」を表す完了形の働きにより，動詞 leave が状態動詞的機能を果たすことができるようになるからであると．[7]

主節動詞が単なる「意見 (opinion)」ではなく，「知覚・観察をとおして得られた信念 (belief based on perception)」を表しているという点にあるということを Partee が指摘しているということも Khomitsevich (2007: 93) はまた述べている．

[7] 時制の一致による解釈が可能となる条件として，Stowell (2007: 448) も「状態を表す」ことをあげているが，その中に完了形の場合をも取り入れたような説明を与えている．すなわち，「状態（あるいは，習慣，進行，完了）を表す」のような説明をしている．
なお，動詞 leave が広い意味での「状態」を表す場合の一つとして，下記例文 (ia) に見るように，will leave / is leaving に相当する意味を表す場合を加えることができるであろう．
 (i) a. Mary leaves this afternoon.
   b. John said that Mary left this afternoon.
   （メアリーが今日の午後出発するとジョンは言った）
このような場合の動詞 leave に対しては，上記例文 (ib) に見るように，時制の一致による過去形の使用が可能となると言えるであろう．同じような事実指摘として，Declerck (1994: 90f.) は，下記例文 (iib) のような文を (iia) に相当する文法的文として用いることができるということを説明している．
 (ii) a. John said that the train would leave at 4.50.
   b. John said that the train left at 4.50.
   cf. John says that the train leaves at 4.50.
このようなことを考えると，問題となるのは，用いられている動詞そのものというより，<u>従属節全体</u>として状態を表すか，あるいは完結性を表すかの違いが重要だということが理解できるであろう．たとえば，完結性の違いが前置詞 in / for の違いによってもたらされることがあるということを示す例として，よく引き合いに出されるのは，次のような例 (Higginbotham (2009: 44)) である．
 (iii) a. I walked around the fountain <u>in</u> ten minutes.
   （私はその泉の周りを 10 分で歩き終えた）
   b. I walked around the fountain <u>for</u> ten minutes.
   （私はその泉の周りを 10 分間歩いた）
すなわち，(iiia) は 10 分間で泉の周りを「歩き終える」という完結性の意味を表すのに対し，(iiib) は「泉の周りを歩く」状態が 10 分間続いたという意味を表すというような違いが見られる．その他同じような例について，詳しくは Higginbotham (2009: 36ff.) 参照．
 Hornstein (1990: 120ff.) は下記例文 (iv) をあげて，(va, b) に示すいずれの解釈も可能な曖昧文であることを指摘している．
 (iv) John thought that Harry ran.

状態を表す場合には，一時的な状態の場合と永続的な状態の場合（さらには，その中間的な場合）が考えられるであろう．現在形動詞を用いた独立読みの解釈が可能となるためには，問題となっている状態が一時的なものではなく，現在の時点においても依然として成り立つことがその文の発話者自身にも十分感じられる必要がある．以下のような例文（Declerck and Tanaka (1996: 293)）に見る文法性の違いは，そのような事情を表しているものと解釈できるであろう．

(12) a. When I met him last week, he told me his name <u>was</u>/<u>is</u> John.
　　 b. When I met him last week, he told me he <u>was feeling</u>/??<u>is feeling</u> thirsty.

すなわち，時間の経過とともに，「名前がジョンである」ことが変わる可能性は少ないと思われるが，一方，「喉が渇いている」という状態はその時の一時的な状態に過ぎない可能性が強いと考えられる．上記例文 (12b) につけた ?? の記号について，Declerck and Tanaka は次のように説明している（p. 293）．すなわち，この場合の ?? の記号はこの文の持つ文法性が劣るということを表すというより，語用論的に不自然な文であることを示すものであ

　(v) a. John thought "Harry ran."
　　　b. John thought "Harry runs."
　(va) のような解釈を与える場合，動詞 ran は「ある一定の距離を走った」のような意味の，telic/bounded（完結的）の性質を持った動詞であると捉え，そのことにより，(iv) を John thought that Harry had run と同義の文として解釈することもできるのではないかと思われる．しかしながら，Hornstein 自身はここでは，(va, b) ともに atelic/unbounded（非完結的）（彼の言葉で言うと "habitual"（習慣を表す））の性質を持った ran/run として説明している．すなわち，(va) に対応する (iv) の持つ意味解釈として，"Sometime in the past, John thought that Harry was wont to run"（以前ハリーはよく走ったものだったと，過去のある時点においてジョンは思った）のような言い換えが可能だと説明している（したがって，(vb) の場合も，同じように，習慣を表すような解釈を与えることになる）(p. 125)．
　上に説明したような，従属節を that Harry had run のように解釈する捉え方に関しては，Hornstein 自身は，「必ずしもそのような解釈になるわけではない」という趣旨の説明を後で加えている（p. 122）ので，そのような解釈は許されないと言っているわけではないことになる．したがって，そのような解釈も取り入れた場合，上記例文 (iv) は，実質的には三つの異なる解釈が可能な文であるということになるであろう．

る．結局，ここで問題にしている「(一時的) 状態を表すかどうか」の問題は「純粋に語用論的性質のもの」(Declerck and Tanaka (1996: 293)) であると言えるであろう．[8]

ここで，話題を「時制の一致に対する例外」に戻すことにしよう．そのような例外の三つ目として，下記例文 (Curme (1931: 355)) のように，主節の動詞が仮定法過去になっている場合を取り上げることができる．

(13)　I should say that this book meets your requirements.
　　　（この本はあなたのご希望の条件にかなっていますよ）

すなわち，Curme の説明によると，仮定法過去は現在のことを表しているのであるから，時の一致に従わないということになる．[9]

---

[8] 一時的な状態を表すような場合には，独立読みの現在形が許されないということを示す別の例として，Huddleston (1969: 794) の指摘している次のような例を加えることができるであろう．
　(i) *He told me it's 5 o'clock, so I left.
すなわち，"It's 5 o'clock" の状態が長くとどまることはないので，"It's 5 o'clock" に独立読みの解釈を与えようとするのは無理なように思われる．このように，独立読みの現在形が可能となるためには，Huddleston (1969: 794) の言うような "timeless present"（時間に制限のない現在時）を表す内容の表現となっていることが必要であるということになる．
　なお，本文中の例文 (12) と類似のデータとしては，Kozawa (1995: 419) のあげている次のような例文を加えることができるであろう．
　(ii) a.　He said that he felt that the earth {??was/is} flat.
　　　b.　He said three years ago that he felt that the earth {was/??is} flat.
問題のポイントは，(iia) において問題のない現在形動詞 is が，(iib) に見るように，時の副詞句 three years ago の存在によって，不自然な用法だと感じられるようになるという点である．また，上記例文 (iia) の場合，時制の一致をさせた過去形を用いると不自然な文となることが示されているが，これは，Kozawa が提案している次のような趣旨の仮説によるものである．すなわち，もし，従属節の部分で取り上げられている伝達内容が，現時点でも依然として事実として成り立つものと文の発話者が信ずる場合には，時制の一致は起こらない，という趣旨の仮説である．詳しくは，Kozawa (1995: 419ff.) 参照．（ちなみに，筆者の尋ねたインフォーマントは，(iia) の was も問題のない用法だとの反応を示している．このように，とくに，時制の一致関係の研究テーマを追求するには，土台となる言語事実そのものの見極めがかなり厄介だという問題もあり，背後にある言語の仕組みを納得いく形で的確に捉えるには，まだかなりの時間を要するであろうというのが筆者自身の率直な感想である．）

[9] 下記例文 (ia) のように，仮定法過去が従属節に現れているような文の場合も，それに

第 3 章　時制の一致の例外

ただし，下記例文 (14a, b) (Jespersen (1931: 157)) および (15)[10] に見るように，仮定法過去の場合，時制の一致の現象が見られることも多いというのが事実である（千葉 (2013: 8f.) 参照）．

(14)　a.　Does it lead to anything? I should say it did!
　　　　　（そんなことして，何かいいことあるかね．ええ，ありますとも）

　　　b.　If we went, people would think we were mad.
　　　　　（もし私たちが行ったりしたら，正気の沙汰ではないと人に思われることだろう）

(15)　Dugwood:　What would you say if I told you I didn't want to do any chores around the house this weekend?

　　　Blondie:　I'd say you were in the wrong house.
　　　（ダグウッド：この週末は家の周りの仕事はいっさいしたくないと僕が言ったとしたら，どう言うだろうね，君は．ブロンディ：どこかいる家まちがってるんじゃないの，と言いたいわね）

このように，仮定法過去の場合は，時制の一致に従うかどうかの判断に個人

対応する元の直接話法の文（(ib) 参照）と比較してわかるように，元の仮定法動詞の形態がそのまま持ち越された形になるので，時制の一致の対象にならないということを Curme (1931: 418) は指摘している．

(i)　a.　My reason often asked harshly why I should be so desolate.
　　　　（私は理性を取り戻すと，「こんなにわびしい気持ちになるなんてどうしてだろうか」としばしば我が身に厳しく問いかけるのであった）
　　b.　"Why should I be so desolate?"

なお，比較的よく知られている事実として，Declerck (1991a: 354) が指摘しているように，仮定法現在 (present subjunctive) の場合も，時制の一致の対象にならないことをここに付け加えておこう（下記例文 (iia, b) 参照）．

(ii)　a.　The speaker demands/demanded that the listeners be quiet.
　　　　（聴衆が静粛にするようにと講演者は要求している／要求した）
　　b.　It is/was essential that the patient be operated on as soon as possible.
　　　　（その患者ができるだけ早くに手術を受けることが絶対に必要である／必要だった）

[10] 例文 (15) は漫画 "Blondie" (by Dean Young and Stan Drake, *The Daily Yomiuri*, 15 July 2000, p. 17) の中のセリフである．

差が見られるようである。[11]

　また，Jespersen (1931: 158) は「奇妙な」例として，以下のような例文を示し，この文においては，be 動詞の is を時制の一致に従って was に置き換えることはできないであろうと述べている．

(16)　I wish people wouldn't be so ready to think that there *is* no progress without uniformity [people think there *is* ...].

([people ...] の部分は，イタリック体も含め原文のまま)

この文は，「均一性に欠けていると進展は見られないものだというふうに，人々がそんなにすぐに決めてかかる（すなわち，断定的な見方をする）ことのないよう願いたい」というような内容の文なので，that 節の内容が一般的真実として受け取られる可能性のあることを問題にしていることになり，そのため，時制の一致の例外となるのであろう．[12]

　時制の一致の例外としての独立読みが可能となる場合としては，上で取り

---

[11] 次のような例文 (Declerck and Tanaka (1996: 291)) においては，時制の一致をさせないほうの言い方は，明らかに不自然な表現になるということが示されている．
　(i)　a.　We had expected that she would be / *will be here tomorrow.
　　　b.　I wish I knew where she was / *is.
　　　　　　　　　　　　　　　　　　　　　　　　　　(Huddleston (1989: 336))
　　　c.　If I thought it was / *is possible, I would do it.　　　　　(ibid.)
本文中の例文 (14)，(15) の場合も含め，仮定上の話，比喩的な言い方など，現実味の薄れた内容であることを表そうとするときには，このように時制の一致をさせた言い方が好まれるのではないだろうか．

[12] 仮定法過去の場合，時制の一致をさせないで現在形動詞を用いることにより，「発話時点の現在においても，実際にそのような状態が見られる」というような情報を読み込んだ文として解釈できるとする母語話者がいることを，Schlenker (2004: 571f.) が次のような例文をあげながら指摘している．
　(i)　a.　If John learned that Mary was / were (now) pregnant, he would be devastated.
　　　　　（メアリーが今妊娠中であることをもしジョンが知ったなら，大きな打撃を受けるであろう）
　　　b.　If John learned that Mary is (now) pregnant, he would be devastated.
すなわち，例文 (ia) と異なり (ib) の場合は，単に仮想上の世界においてのことだけでなく，現実世界においても，「メアリーが妊娠している」ということが当てはまるという意味内容を持った文として解釈できることになる．

上げた，普遍的真理を表す場合や，現時点でも変わらない習慣・性質・事実などを述べていると判断される場合のほかに，Declerck and Tanaka (1996: 290) が指摘するように，「発話者自身のことにかかわる事柄を述べている場合」を加えることができるであろう．すなわち，「現在のこの場所・この時点 (here-and-now)」に関する事柄は，発話者自身にとってもっともかかわりの深い，興味の中心に置かれるべき性質のものであるので，そのことが，独立読みを可能とする現在時制の選択を促す要因の一つになりうるということになる．そのことを示す具体例として，Declerck and Tanaka は，Blackstone (1962: 17) の指摘している次のような例を引用している．(例文 (17a, b) では，従属節の意味内容が，発話者自身に関する事柄を表すのに対し，例文 (18a, b) ではそうなっていないということに注意.)

(17)　a.　The doctor told me that my blood group is B.
　　　　（私の血液型は B だと医者が教えてくれた）
　　　b.　John told me last night I am the prettiest girl he has ever met.
　　　　（ジョンが昨晩私に告げて言うには，私はこれまで会った中で最も綺麗な少女だとのことである）
(18)　a.　The doctor told Mrs Smith her blood group was B.
　　　b.　I told Clara last night she was the prettiest girl I had ever met.

すなわち，Blackstone によると，(18a, b) の文の下線部動詞を現在時制にすると，(18a, b) の文と比べて文法性の劣った文になるであろうとのことである．

3.2. de re 読みについて

上で取り上げた独立読みの現象は，ラテン語の "de re" の用語を用いて「de re 読み」と呼ばれることもあるということについては，すでに解説したとおりであるが，ここでは，一般的に de re 読みと呼ばれる言語現象について，一通りの解説を加えることにより，英語の時制の一致に関する私たちの理解の一助としたい．

ラテン語 de re はふつう de dicto との対比として用いられることが多い．それぞれ，'about the thing' および 'about what is said' という意味であり，英語の専門用語で，それぞれ，referential / transparent（「指示的／透明な」）および non-referential / opaque（「非指示的／不透明な」）と訳されることもある．ふつうは，用いられている言語表現が，発話者自身によるものか，それとも伝達動詞や発話動詞の主語によるものかの区別を表す用語として用いられる．たとえば，下記例文 (19) のような文（ここでは，一応 Mary と she は同一人物を指しているということにしよう）を考えてみよう．

(19) John believes that Mary is taller than she is.

この例文において，"taller than she is" の部分の解釈が，de re 読みをしたときと，de dicto 読みをしたときでは，異なる情報を伝えることになる．たとえば，John 自身が信じている内容自体は，"Mary is taller than the girl who will be elected beauty queen"（美人コンテストの優勝者に選ばれる人よりメアリーは背が高い）というようなものであったのを，発話者が，たまたま，beauty queen に選ばれるのは Mary 自身であることを知っていたり確信したりしていたので，自分の言葉で "taller than she is" と言い換えて (19) のような表現形式にして人に伝えるということが考えられるであろう．この場合，"taller than she is" という特定の言語表現にいわば責任があるのは発話者自身であり，John のあずかり知らないことであると言える．したがって，ここに用いられている "taller than she is" という言語表現は，John 自身の心の中に想起されていたと思われる言語表現どおり（'about what is said'）を表しているのではなく，この文の話者自身の言葉に置き換えて，事柄の内容，すなわち，事実（'about the thing'）を解説的に伝えようとして用いられたものである．このような読みのことを de re 読みと言う．（上で述べた「特定の言語表現にいわば責任がある」人のことを Hasegawa (1972) は "assertor"（主張者）と呼んでいる．）

それに対し，もういっぽうの de dicto 読みと言うのは，"taller than she is" の言語表現そのものが，John 自身の信じている内容の一部になっているような解釈のことをいうことになるので，この場合，John は，「Mary は自分自

身（すなわち Mary）より背が高い」という矛盾する内容を真面目に信じていることになり，したがって，正常ではないと思われる事態を表していると受け取られることになるであろう．この場合は，文の発話者は，that 節の中にまで首を突っ込み，自分自身の言葉に置き換えるという，de re 読みの持ついわば解説調の言い方はしないで，John の用いていた言葉どおり素直に伝えたことになる．(de re / de dicto の違いについて，および，その違いがかかわる言語表現を含んだ文の統語的・意味的分析について，詳しくは Bresnan (1971), Hasegawa (1972), Postal (1974), Dresher (1977) 参照．)[13]

---

[13] de re 読みの許されない統語的・意味的環境の一つとして，叙実動詞（factive verb）の場合がある．すなわち，下記例文 (ia) の中の who lives at 219 Main Street については，de re / de dicto いずれの解釈も可能であるのに対して，(ib) の場合には，後者の解釈のみが許される．

(i) a. John said that he had seen the woman who lives at 219 Main Street.
  b. John realized that he had seen the woman who lives at 219 Main Street.

このような言語事実について，Hasegawa (1972: 144) は次のような趣旨の説明を与えている．すなわち，叙実動詞 realize の持つ性質から，この文の発話者が補文の内容が事実であることを前提としていることになるので，who lives at 219 Main Street の表現そのものも，ジョンがもともと用いているものを事実どおり再現した形になっているという帰結が，そこから自然と引き出されるはずである（叙実動詞については，第 13 章参照）．

Postal (1974: 377) もまた，次のような興味ある言語事実を指摘している．

(ii) a. Jack assumed that Mary was older than she was.
  b. That Mary was older than she was was assumed by Jack.
  c. It was assumed by Jack that Mary was older than she was.

すなわち，上記例文において，de re / de dicto の両方の解釈が可能となるのは，(iia) と (iic) だけであり，(iib) は de dicto の読み，すなわち，「自分は自分自身より年齢が上だ」という矛盾した内容のことをジョンが思っていたという読みだけが可能となる．

Postal はさらに，以下のようなペアの文についても同じようなことが言えるということを指摘している．

(iii) a. It was easy for Melvin to believe that Mary was older than she was.
  b. That Mary was older than she was was easy for Melvin to believe.
(iv) a. Jack may not have reported that Mary was older than she was.
  b. ?That Mary was older than she was Jack may not have reported.

すなわち，(iiia), (iva) の場合には，de re / de dicto の曖昧な読みが可能であるが，(iiib), (ivb) の場合には，矛盾した読みのみ可能となる．(Postal は，例文 (ivb) の文法性は劣るかもしれないが，de dicto の読みのみ可能であるという事実には変わりはないということを指摘している．)

ところで，本文中において，時制の一致の現象に関し，とくに「独立読み」の場合のことを「de re 読み」の一つとして捉えることがあるという解説を行ったわけであるが，その場合，伝達内容の中のどの言語表現について，発話者自身が責任を負っていることになるのであろうか．それは，that 節の中の時制要素として現在形という表現を用いているという部分を指すことになると言えるであろう．つまり，必ずしも，文の主語自身の立場を反映した形として現在時制を用いているわけではなく，文の発話者自身がそこの内部の時制の選び方に介入して，現在時制の表現を作り出しているという責任を負うことになる．つまり，独立読みというのは，de re 読みの一種であるということになるであろう（詳しくは，Abusch (1991, 1997), Ogihara (1996) 参照）．

de re 読みと de dicto 読みの違いは，従来から，哲学，論理学，言語学などの分野で研究されている興味あるテーマの一つであるが，日常用いられている英語表現を正しく理解する上でも役に立つ重要な言語特徴の捉え方の一つとなっていると言える．ここで，時制の一致の現象以外の分野で，de re / de dicto の現象がかかわっていると思われる例文を一つ取り上げて見よう．筆者の興味を引いたのは次のような文（千葉 (2013: 27) より）である．

(20) That is why Dr. Brodie asks [that parents not insist, against their dentist's advice, [that their child have orthodontic work done too early]].
（そういうわけで，ブロディ博士は，子供の親が歯医者の助言に反してまで，我が子の歯列矯正処置をあまりにも早く施してほしいと強く要求することのないようお願いしているのです）

この文の副詞 too の用法に注意したい．too early という表現自体は，この場合の伝達動詞 insist の主語である「子供の親」が用いたものとは考えられない．親自身が用いている言語表現は，たとえば "as early as possible" のよう

上記例文 (iib), (iiib), (ivb) の共通点として，that 節が主語となっていることを指摘することができるであろう．したがって，一般的に，主語位置の that 節の中まで de re 読みの力が及ぶことはないと言えるかもしれないが，詳しいことはわからない．

に，x-early（x は副詞 early を修飾する程度表現としての変数（variable））の x の部分の値がかなり高いことを示すような表現であったはずである．その x の値がこの文の中では，too の形で表されているのであるが，その表現に対し責任があるのは，parents ではなく，その parents の取るべき行動に対し注文をつけている Dr. Brodie か，あるいは，（後ほど第 9 章で取り上げることになる）文の主節のさらにその上部に潜んでいると考えられる（I say to you に相当する）「隠れた主節」の主語である I，すなわち，発話者自身であると考えられる．このように，問題の too の表現は，外側の that 節の主語である parents ではなく，その節のさらに上部の位置を占める別の節（二つある場合は，そのいずれかの節）の主語が責任を負うはずのものであるので，これは de re 読みに相当する表現の一つであることになる．

　問題となっている表現に対して責任のあるのは誰かということに関しては，上でも触れたように，主節の主語であることもあれば，文全体の発話者であることもある（Spears and Tenny (2003: 328) 参照）．直接話法と間接話法の違いを論ずる中で，Coulmas (1985: 50ff.) は下記例文（21a-c）をあげて次のように説明している．

(21) a. He asked her whether she could <u>please</u> turn the lights off.
（彼は彼女にどうか明かりを消してもらえないかと頼んだ）
b. My uncle told me again and again that his brother, <u>God damn him</u>, had ruined their business by hiring this idiot as a manager.
（私の叔父は，兄のあんちくしょうめが，この馬鹿者を主任として雇うもんだから自分たちの商売がだめになってしまったんだと，何度も何度も私にぼやいた）
c. She reiterated that she will never yield to the demands of <u>those fascist cowboys</u>.
（あのファシストのカウボーイ野郎めの要求なんかに決して応ずるもんかと，彼女は何度も繰り返して言った）

すなわち，例文（21a）の please は主節の主語（この場合は，対応する（元の）直接話法の文の話者である he）の嘆願の気持ち「どうか～してくださ

い」を表している．いっぽう，例文 (21b) の God damn him は，同じように，主節の主語である私の叔父の気持ちを表しているととるのも十分考えられるのであるが，この文の発話者の気持ちを表すという可能性も残されている．さらに，例文 (21c) の場合も，those fascist cowboys の表現に対して責任があるのは，主節主語か発話者かに関し，どちらの解釈も成り立つ曖昧文であると言える．

　上に取り上げた例文のほかにも，挿入句や文副詞的表現が文中深くはめ込まれているような文の場合でも，実際には，文の構造上，ずっと上部に位置する主節の主語または，典型的には文の発話者にそれらの表現を結びつけて解釈しなければならないことがある．そのような場合も，同じように，「独立読み」ないし de re 読みに相当するとみなすことができる．具体例としては，千葉 (2013: 171) のあげている，以下のような例文を取り上げてもよいであろう．

(22) a. Barbara Flittner (Dec. 29, Page 8) seems to be going out of her way to look for a challenge, so I'll provide it. [...] And, on the other side, representing purity and peace, is a group [that (sur-prise!) the writer herself belongs to], namely women.
(12月29日の8ページの誌上で，バーバラ・フリットナーがわざわざ挑戦を受けようと言って下さっているようなので，私が挑戦してみたいと思います．[...] またもう一方の陣営には，純粋さと平和を代表して，これがまた驚いたことには，作者自身が属するグループ，すなわち，女性陣が控えていらっしゃるのです)

b. More dangerous is the general American attitude, which seems to dominate Washington, [that we're the most powerful country in the world, dammit and we can do anything we want, no matter what the rest of the world thinks].
(もっと危険なのはアメリカ一般大衆の態度であり，これがアメリカ政府を支配しているようなのです．すなわち，これはとんでもない考えなんですが，自分たちは世界で一番強力な国家であり，たとえ世界のほか

の国々がどのように思ったとしても，自分たちのやりたいことは何でもできるんだといったような態度のことなんですが）

　上記例文の中に用いられている挿入句 surprise! および dammit は，ここでは，文副詞としての働きを担っていると思われるが，このような用法は，近頃のメールで用いることのある「絵文字」や「顔文字」（英語で Emoji / emoji [imóudʒi] と呼ばれる 😀😟😖 などの「文字」のこと）の働きに相当するものと思われる．[14]

　さらに，以下のような例文（千葉 (2013: 173, fn. 32) より），すなわち，関係節の中に副詞的表現が挿入句的に用いられている例文をあげてもよいであろう．

(23) a. John, [who, frankly, was incompetent], was fired.
　　　　（ジョンは，率直に言って，能力が欠けていたのだが，解雇された）
　　b. The school, [which, it seems to me, is the best in the country] is General Beadle State College.
　　　　（私には国一番だと思えるその学校の名はジェネラル・ビードル州立大学（現ダコタ州立大学）です）
　　c. By fixing each of the parameters we determine a particular grammar [which, let us suppose, generates a specific language].
　　　　（一つひとつのパラメータの値を決めることにより，ある特定の言語を生成すると考えられる一つの個別文法を定義できることになる）

　以上の観察からもわかるように，文の従属節（場合によっては，文中の奥

---

[14] 例文 (22a, b) に用いられている surprise, dammit のような感嘆や罵りを表す言葉は，ふつう，直接話法の文の中にだけ登場して，間接話法の文の中には登場しないとされている種類の言語表現の一つである（Coulmas (1985: 42ff.) 参照）ことに注意されたい．確かに，Coulmas の言うように，下記例文 (ia, b) のような文は許されないとしても，問題となっている表現に絵文字的機能を持たせて，例文 (22a, b) に見るように，文副詞として用いるということが考えられるであろう．
　(i) a. *He said that hello / ouch / Christ / wow / oh no / hey.
　　　b. *She said that surprise, surprise / good luck / congratulations.

深くはめ込まれた形の従属節）の中に用いられているある特定の表現が，それが表面上属しているように見える箇所から離れて，文の上位の節に登場する（あるいは，隠れて存在していると思われる）発話者とのかかわりをもとに解釈されることがあるのは，私たちが日常用いる言語の中によく見られる現象の一つである。このような現象は，上で取り上げた de re 読みの一つとして位置付けることができるであろう。時制の一致に見る独立読みの現象を，言語に広く見られる de re 読みの現象と結びつけて考えることにより，英語における時制の一致のメカニズムの理解が深まるかもしれない。[15]

3.3. 真偽値が未定の場合

下記例文 (24a-c) は，いずれも，従属節が間接疑問文となっているような文であるが，(24a, b) と (24c) では，時制の一致が見られる・見られないに関し，違いがあるということがわかる．

(24) a. The poll also found the city split along racial lines when voters were asked [if Boston is a racist city].
(*The Boston Globe*, "Today's Headlines," 25 June 2017 <http://www.bostonglobe.com>)
（ボストンは人種差別の都市であると思うかどうかの質問に関する世論

---

[15] 楠本 (2012) は，時制の一致に関し「多くの日本人英語学習者が英語の埋め込み文の時制解釈を日本語と同様のものと考えていると推測される」(p. 298) という調査結果をもとに，次のような提案をしているが，傾聴に値する提案であると思われる．

SOT [= Sequence of Tenses] を書き換えの問題［すなわち，直接話法の文と間接話法の文に関する書き換え問題（千葉）］として導入するのではなく，与えられた英語文の出来事の発生時間と発話時の関係や複数の出来事の発生時間どうしの関係という意味解釈の問題としてとらえたほうがよいのではないかと思われる．このことは特別なことではなく，単文の時制解釈（完了形を含む）では当たり前に導入されており，それはもちろん実際の言語使用の場面では書き換えではなく意味解釈に重点が置かれるからであろう．埋め込み文の時制解釈では，それに SOT 現象の存在（過去の意味を持たない過去形の存在）と現在形の発話時思考という特殊性を付け加えればよいのではないかと考える．(p. 298)

調査の結果，投票者が示した，人種差別的かどうかの色分けに関して大きく意見が別れることも判明した）

b. And the Supreme Court said it would consider [whether gerrymandering in Wisconsin violates the Constitution—a focal issue across the country].
(*The New York Times,* "Morning Briefing," 25 June 2017 <http://www.nytimes.com>)
（最高裁判所は，国中の争点の一つとなっている，ウィスコンシン州の選挙区改変が憲法違反に当たるがどうかの裁定にこれから入ることを公表した）

c. Two years ago Monday, the Supreme Court made same-sex marriage a nationwide right. We asked gay couples [what the ruling meant to them]. (ibid.)
（ちょうど 2 年前のこの月曜日に最高裁判所は，同性婚を全国的に合法であるとの判定をしている．そこで，その判定が当事者に何をもたらすことになったと思うかを何組かの同性婚カップルに聞いてみた）

　すなわち，上記 (24a, b) の文は，間接疑問文によって表されている命題の真偽値が問題となっていて，現時点ではその値は未定となっていると言える．すなわち，(24a) では，「ボストンは人種差別の都市であるかどうか」が問われていて，(24b) では，「ウィスコンシン州の選挙区改変は憲法違反となるかどうか」が問われている．いずれも，問題となっている命題全体の真偽値が未定の状態であるということから，時制の一致に従わないほうの時制，すなわち，現在時制が選ばれているものと推測できる．したがって，このような場合，間接疑問文の中の動詞が現在形であるからといって，文の発話者がそこに示されている命題内容を真であるとみなしていることにはならない．
　上記例文 (24c) の場合はどうであろうか．この場合は，疑問詞 what の部分の値（内容）を尋ねる形となっているので，命題全体の真偽値を問う形にはなっていない．そのことが，時制の一致を受けた過去形動詞 meant を用い

る原因として働いていると言えるであろう.[16]

なお，下記 (25) のような例文において，下線部の動詞 was が現在形となっていないのは，問題の補文が「状態を表す」という条件が満たされていないためであると思われる（第 3 章第 1 節および第 6 章参照）．

(25) Police say multiple people have been shot at a New York City hospital. The gunfire broke out at 2:50 p.m. inside the Bronx Lebanon Hospital in the Bronx. Police had no immediate information on [whether anyone was killed].
(*The Boston Globe*, "The Breaking News," 1 July 2017 <http://www.bostonglobe.com>)
(ニューヨークの病院内で多数の人が銃撃されたと警察が発表．発砲事件は，ブロンクスにあるブロンクス・レバノン病院の内部で午後 2 時 50 分に発生した．死者が出たかどうかの新しい情報を警察は入手していない)

Declerck and Tanaka (1996: 288f.) は，時制の一致に従うことなく，現在時制の使用が可能となる場合として，Riddle (1978) が次のような三つの場合があることを指摘していると述べている．すなわち，①発話者が，問題となっている命題が真であると信じている場合，②主節部分の主語が，問題となっている命題が表す状況に現時点で深くかかわりがある場合，③問題となっている命題によって表されている事態・状況が未定の状態である場合の三つである．上記例文 (24a, b) は，いずれも，この三つ目の場合に該当する

---

[16] ただし，Declerck (1991b: 186, fn. 20) のあげている下記例文のような場合は，疑問詞 how と現在時制が共起する形になっているので，ことはもっと複雑であるように思われる．
　(i) Back in the living-room, we asked Signor Moravia how he goes about his work.
　　(居間に戻ると，私たちはモラヴィアさんに，お仕事の具合はいかがですかと尋ねた)
したがって，「従属節の中に現れる現在時制は，その命題内容が真であると発話者が信じていることを表す（傾向がある）」と言えるのは，陳述文 (statement) の場合であり，疑問文の場合には当てはまらない（Declerck (1991b: 186, fn. 20)）というようにまとめておくのが無難であろう．このことはまた，一般的に，命題内容の真偽値が問えるのは陳述文に限られるということから導き出されることかもしれない．

とみなすことができる．①の場合は，すでに本文中において解説したとおりである．②の場合の具体例については，後ほど第 10 章第 2 節において取り上げることになる．

　なお，Declerck and Tanaka (1996: 295) は，主節が wh 疑問文で過去時制となっているような場合，従属節はほとんど常に過去時制となると述べている．その理由については，第 8 章注 1 参照．

第 4 章

完了形の場合に見られる時制の一致の現象

4.1. 従属節内の完了形と主節内の完了形

　前の章で取り上げた仮定法過去の場合と同じように，従属節が完了形よりなる文の場合にも，時制の一致の規則に従った表現にするかどうかの判断に，個人差が見られることがあるようである．たとえば，下記例文の場合を考えてみよう．

　(1)　I learned this morning that they have begun work on the bridge.
　　　（私は今朝方，彼らが橋の仕事にかかりだしたことを知った）

この文は，Jespersen (1931: 153f.)[1] によると，Curme (1925) が「完了形の

---

[1] この箇所で Jespersen が自分自身の例文としてあげているものは，次のように，「時制の一致により過去形が常に過去完了形になるわけではない」ということを示すための例である．

　(i)　I didn't know that you had so much money.
この例文に関し，彼は次のように説明している．すなわち，この文は，'I now discover that you have so much' という意味と，'I now discover that you [then] had' という意味のいずれとも解釈できる文であり，後者の場合なら，I didn't know that you had had so much money. のように過去完了形にすることもある．
　上にあげた二つの解釈のうち，前者の解釈は，本文中の第 3 章に取り上げた「独立読み」

第 4 章　完了形の場合に見られる時制の一致の現象　　45

場合は，現在形の場合と比べ，時制の一致に従う傾向が少ないようだ」と述べながらあげている例文の一つである．しかしながら，Jespersen 自身は，母語話者の反応を調べた結果，「時制の一致に従った文のほうがより自然な感じがする」と答えた母語話者がいることを，その人の名前（Professor

---

の解釈，すなわち，文の発話時である現在時制に照応させて，現在時制扱いを受ける解釈，に相当すると言える．ここでは，Jespersen 自身は，（直接話法での）もともとの過去形が，過去完了形ではなく，そのまま過去形になっている場合の例として，(i) の例をあげているのであるが，この文自体は，前者の解釈をも許す曖昧文となっているのを知るのは，大変興味深いことである．「あなたが大そう金持ちであるということを知りませんでした」という日本語の文も，「金持ちである」の意味として，「あのとき金持ちであった」という意味と，「現在金持ちである」という二つの意味に解釈できる曖昧文となる．日本人の英語学習者にとってとくに問題となりそうなのは，直接話法としての "You have so much money" が "I didn't know" の後ろに続くときには，それに対応する間接話法の文として，時制の一致に従った上記例文 (i) のような文が用いられるという英語の事実である．

Jespersen (1931: 153) 自身が，時制の一致の起こる典型的例，すなわち，時制の一致をさせないと不自然な表現となると思われる例としてあげているのは，下記例文 (ii) に見るように，ふつう，ある事実に初めて気がついて驚いたようなときに用いることのある文となっている（同種の文については，後ほど第 8 章において，「心的惰性」の作用の観点から再び取り上げることになる）．

(ii) a. Oh, Lord Summerhays, I didn't know you were here.
(あっ，サマーヘイズ卿！ここにお出でだとは存じあげませんでした)
b. O! I forgot you were married.
(ああそうだ，結婚なさってたのを忘れてました)

上記 (i) のような例文も，この種の文であると考えることができるであろう．Declerck and Tanaka (1996: 296f.) は，このような場合，主節の部分で，過去と現在の対比が明確に示されることになり，時制の上での焦点はもっぱら過去のほうに置かれることになるので，現在時制を用いることができないのは明らかだとして，文法性の違いを記号で明示した以下のようなデータを提示している．

(iii) a. We didn't realize you knew we were/*are from Manchester.
(私たちがマンチェスター出身であることをあなたがご存知だったとは気がつきませんでした)
b. Can you get me a drink? — I thought you were/*are a teetotaler?
(私にも一杯いただけませんか — ぜんぜんおやりにならないのかと思いました)

このような場合，「初めて知って驚いた」のように，驚きの気持ちが込められていることが重要であり，そのような気持ちが込められていないと思われる下記例文 (iv) のような場合には，時制の一致に従わない言い方が許されるということを Declerck and Tanaka (1996: 296, fn. 11) は指摘している．

Moore Smith) をあげてコメントしていることからもわかるように，文法性の判断，すなわち，どのような文が自然な文（または不自然な文）と感じられるかについての判断には，方言差・個人差が見られるようである．

いっぽう，主節の動詞が完了形になっている場合はどうだろうか．安藤 (2005: 695, NB2) は，下記 (2a, b) のような例文をあげて，次のように説明している．

(2) a. I've always known you were a good speaker.
    b. I've always thought he was a gentleman.

> 主節の動詞が現在完了形の場合: 現在完了形は，時制的には現在系列であるが，過去から現在にまで広がる時間帯の中で特に過去への指示が強い場合は，時制の照応を引き起こすことがある（特に，think, know の場合）．

Declerck (1991b: 174) のあげている下記例文 (3a-c), (4a, b) にも，同じような時制の一致の現象が見られることがわかるであろう．(例文 (4a, b) は副詞節の中に見られる時制の一致の例であるが，副詞節に見られる時制の一致の特徴については，後ほど第 7 章で取り上げることになる．)

(iv) I didn't offer her my seat yesterday because I didn't know she is pregnant.
（彼女が妊娠しているのを知らなかったので，私は昨日彼女に席を譲らなかったのです）

なお，上記例文 (i)-(iii) に見るような過去形の用法として，Riddle (1986: 276) は「過去のある時点において，ある種の情報に気づいていなかったことを強調するために，時制の一致に従った過去形を用いる」という趣旨のことを述べているのが参考になるであろう．
現在と過去との対比が問題となる場合の一つとして，下記例文 (va, b) に見るように，とくに過去形動詞を強調したような文の場合も，時制の一致が要求されるということを Declerck and Tanaka (1996: 297) はまた指摘している．

(v) a. This is Bill's wife. — Yes, I THOUGHT he was / *is married.
（「こちらビルの奥さんです．」「ああやっぱり．彼，結婚していると思ってましたよ．」）
    b. I KNEW you liked / *like him.　　　　　　(Huddleston (1984: 152))
（そうでしょう．あなた，彼のこと好きなんだと私知ってましたよ）

第 4 章　完了形の場合に見られる時制の一致の現象

(3) a. I have never said that you were stupid.

    b. (He has met her several times but) he has never told his wife that he had met her.

      ((彼は彼女に何度か会ったことがあるのに）会ったことがあるとはこれまで一度も妻に言ったことがない）

    c. So far British Embassy sources have said that Britain was opposed to an exchange of prisoners ....

      (これまでの英国大使館の情報によると，英国は捕虜交換には反対だということであった）

(4) a. He's been here once or twice, while his wife was on holiday.

      （彼は妻の休暇中に，ここに一度か二度来たことがある）

    b. Have you ever spoken to her after she had had one of her fits?

      （あなたはこれまでに，彼女が癲癇を起こした後に話しかけたことがおありですか）

同じように Higginbotham (2009: 168-169) も，下記例文 (5) に見るように，主節の完了形動詞が過去形動詞の場合と同じように，時制の一致を引き起こすことがしばしば見られると説明している。[2]

---

[2] Ogihara (1996), Iatridou et al. (2005) にも同じような指摘が見られることを Higginbotham (2009: 168) は述べている（ただし，Higginbotham (2009: 168) では，Ogihara (1995) となっていて，出版年度に誤りが見られるが，ここではそれに修正を加えてある）. Ogihara (1996: 131ff.) は，現在完了形が時制要素として Past を持つわけではないが，統語素性として [+past] を持つと考えられるので，同じくこの素性を持つふつうの過去時制の場合と同様，この素性が時制の一致の引き金になるというアイデアを提示している。彼はまた，後ほど第 11 章で取り上げることになる announcement, claim などの名詞表現に見られる時制の一致の現象の場合も，この同じ素性 [+past] が関係していると説明している.

Huddleston and Pullum (2002: 153) は，時制の一致の起こる条件として，主節の時制が過去になっている場合だけでなく，主節が表す時間的状況が過去を表す場合を含めているので，同じように，現在完了形の場合に見られる時制の一致の現象も説明できることになる。なお，金子 (2009: 107; 2014: 230ff.) は，上記二つの場合を統合した形の「時制の一致認可条件」を提案している.

このような方策により，Selkie and Reed (1997: 339) の指摘する下記例文 (i) のような場合に見られる過去時制の用法も，時制の一致の現象の一つとして説明できるであろう.

(5) John has said that Mary was ill.

さらに Higginbotham (2009: 169) は話題を深め，(5) のような文は，下記例文 (6) のように，主節動詞が真の現在時制となっている場合とは異なり，従属節の時制の解釈に関し曖昧性が生ずるという興味ある事実指摘を行っている．

(6) John is saying that Mary was ill.

すなわち，(5) は，直接話法を用いて表した下記例文 (7a, b) が持つ，それぞれの意味解釈のいずれとも解することのできる曖昧文であることになる．

(7) a. John has said, "Mary was ill."
　　b. John has said, "Mary is ill."

Higginbotham は，例文 (7) の持つ二つの意味解釈のうち，例文 (7a) の意味解釈に相当する過去時制のことを "A-Past"（A 過去）と呼び，また，(7b) の意味解釈に相当する過去時制のことを "B-Past"（B 過去）とそれぞれ呼んでいる．すなわち，A 過去，B 過去は，それぞれ，「もともとからそれ自身が有する真の過去」，および「時制の一致の結果得られる表面上の過去」ということになるであろう．(A-Past, B-Past は，それぞれ，Abusch (1988: 5-6) の言う $Past_1$, $Past_2$ に相当する．)

なお，Wada (1998: 175, 185ff.) は，上記の A 過去，B 過去に相当する概念として，それぞれ，"deictic interpretation"（直示的解釈）および "non-

---

(i) I remember telling you that Gabriel liked snakes.
　　（ガブリエルはへびが好きだということを私が君に言ったのを私は覚えている）

完了形に見られる現象として，Declerck (1991a: 522) は，次の例文 (iia) に見るように，完了形が継続を表すような場合には，時制の一致に従わないで，現在形のまま用いることになるということを指摘している（時制の一致の見られる例文 (iib) と比較されたい）．

(ii) a. He has been telling me for some time that he feels unhappy.
　　　（彼はこのところ，自分は不幸せだと感ずると私に言い続けている）
　　b. He has told me a couple of times that he felt unhappy.
　　　（自分は不幸せだと感ずるということを彼は今までに二，三度私に言ったことがある）

deictic interpretation"（非直示的解釈）の用語を用いて，同じような言語現象について説明している．

　上記例文 (5) の持つこのような特徴は，Imai et al. (1995: 31) が下記例文 (8) について説明していることと同じ趣旨の内容となっていると思われる．

(8)　a.　I have always known that you were a promising scholar.
　　　　　（私はこれまでずっと，あなたが前途有望な学者であることを承知していました）
　　b.　I have always had the hunch that he was in love with me.
　　　　　（私はこれまでずっと，彼が私のことを好きなんじゃないかという気がしていました）

すなわち，従属節で表されている事柄が，たとえ，発話時点においても成り立つような場合においても（すなわち，第 3 章で取り上げた「独立読み」の解釈が可能な場合においても），現在時制を用いずに，このように，時制の一致の規則に従ったような時制の表し方，すなわち，過去時制を用いた表し方をすることがしばしば見られる，ということを Imai et al. (1995) は指摘している．

　上に述べた例文 (5) の持つ曖昧性は，さらに複雑な構造を持った「はめ込み文（embedded sentence）」の一種である下記例文 (9)（Higginbotham (2009: 169) より）にも当てはまることになる．

(9)　John said that the mayor has made it widely known that he was ill.
　　　（市長は自分が病気に冒されている／冒されていたことを公表したとジョンは言った）

この文は，過去形動詞を持つ主節の下に完了形動詞の従属節がはめ込まれ，さらにその下に過去形動詞の従属節がはめ込まれた格好の構造をなしている．すなわち，従属節 "the mayor has made it widely known that he was ill" の部分が，上記例文 (5) に相当する姿をしている，つまり，この従属節自体は，全体として，「主節＋従属節」の構造に再分析ができることになる．したがって，上に示した例文 (5) の持つ曖昧性についての説明が，平行移動的に

この "the mayor ... he was ill" の部分にも当てはまるというわけである．このことから，結局，(9) の二つ目の従属節が持つ過去時制の解釈として，上に述べた A 過去と B 過去いずれの解釈も許されるという結論が引き出されることになる．³

ところで，上の説明からもわかるように，文の構造の上で「従属節」と言われている部分は，その上の「主節」からすれば，確かに「従属節」であるが，いっぽう，その下の別の「従属節」からすれば，「主節」的振る舞いをするということが考えられる．すなわち，ここでいう「主節」「従属節」の概念は，相対的性質を持ったものであるということが理解できるであろう．一般的に，時制の一致の作用は，ある一つの節からその一つ下の従属節にだけ及ぶという性質があることが知られている (Hornstein (1990: 137), Ogihara (1996: 103ff.) 参照)．このような局所性 (locality) の条件を守った形で，主節から従属節へ，さらに，その従属節から一つ下の従属節へと時制の一致の作用が働く結果，広範囲にわたって，時制の一致の影響が見られるような文が出来上がることになる (Ogihara (1989: 76, fn. 4) 参照)．

このような局所性の条件が働いていることを示すデータとして，Hornstein (1990: 137) は以下のような例文をあげている．

(10) a. *John said that Harry believes that Frank would be here
b. John said that Harry believed that Frank would be here.
c. John said that Harry believed that Frank will be here.
d. John said that Harry believes that Frank will be here.

すなわち，例文 (10d) は，任意的規則としての時制の一致が働いていない場

---

³ 例文 (9) は，上にも述べたように，過去時制を持った主節の下に現在完了による従属節が続き，さらにその下に過去時制を持った従属節が続くようなパターンとなっている．ただし，Ogihara (1996: 135) の取り上げている下記例文 (i) からもわかるように，主節の時制は現在時制になることもあるのであるから，一番下の従属節の過去時制の引き金となるのは，その一つ上の節の（過去時制に相当する）完了形（あるいは，Ogihara (1996) に従って，その完了形が持つ統語素性 [+past]）の存在だけで十分であるとも考えられるであろう．
(i) John believes Mary to have claimed that she was innocent.
 （メアリーは自分が無実であることを主張したとジョンは信じている）

合の例であるが，そのほかの例は，いずれも，時制の一致が働いていることを示す例となっている．ただし，そのうち例文 (10a) だけは，主節の過去時制が，中間の従属節を飛び越す形で，さらにその下の従属節へと受け継がれたように見える文であり，したがって，非文法的文となっている（同じような例文および解説については，Ogihara (1996: 105) 参照）．つまり，この場合は，時制の一致の規則に課せられている局所性の条件を破った形になっているので，非文法的文となると説明されることになる．局所性の条件は，いろいろな文法規則に広く見られる一般的原理の一つであると考えられているので，時制の一致の場合にもこの原理が働いているということは十分納得いくことのように思われる．

　ここで話題を，完了形動詞の場合に見られる時制の一致の現象に戻すとしよう．英語学習者にとっては，さらに込み入った言語事実に思えるかもしれないが，Higginbotham (2009: 169, fn. 7) は，Kiparsky (2002) による次のような事実指摘を紹介している．すなわち，上記例文 (5) (= John has said that Mary was ill.) のように，主節動詞が完了形で従属節の動詞が過去形となっている文の場合でも，「結果を表す完了形 (resultative perfect)」の場合には，主節の Tense とリンクされた時制（すなわち B 過去）としての解釈，つまり，時制の一致による過去形としての解釈，が許されず，もともとから与えられている過去時制としての解釈（すなわち A 過去）のみが可能となる．Higginbotam には引用されていないが，Kiparsky (2002: 12) のあげている例文を示すと，次のようになる (# の記号は，その文が語用論的に不自然な文であることを示す)．

(11) a. I have always known that the earth was round.　　　　［継続］
　　　b. I have often thought that the earth was round.　　　　　［経験］
　　　c. #I have finally realized that the earth was round.　　　　［結果］
　　　　（地球は以前丸い形をしていたということを私はついに悟った）
　　　d. I have finally realized that the earth is round.[4]

---

[4] 例文 (11a-d) の補足的情報として，Grano (2015: 131) は次のようなデータを示して

すなわち，上記例文 (11a, b) は，それぞれ，「継続」および「経験」を表す完了形[5] なので，A 過去のみならず，B 過去としての解釈も許される．いっぽう，「結果」を表す完了形よりなる例文 (11c) の場合は，A 過去としての解釈は許されるが，B 過去としての解釈は許されない．(なお，例文 (11d)

いる．
  (i) a. #John claims that he has finally realized that the earth was round.
      b. John claims to have finally realized that the earth was round.
      c. John claims that he finally realized that the earth was round.
すなわち，上記例文 (ia) は，期待どおり，動詞 claim の補文の中においても，問題の制約が成り立つことを示すが，例文 (ib) に見るように，不定詞節が続くときには，この制約は成り立たないようである．不定詞節の場合は，例文 (ic) のように，補文の中が定節 (definite clause) で，動詞が (完了形でなく) 過去形動詞となっているような場合と同じ振る舞いを見せることがわかる．

[5] 完了形の意味用法について，Kiparsky (2002) は以下のような 5 つの種類に分類し，「継続」「経験」に相当する用法には，それぞれ "universal" (普遍的) および "existential" (存在的) の名前を当てている．
  (i) a. Existential: Fred has visited Paris several times.
                              [experiential (経験的) に相当]
          (フレッドはこれまで何度かパリを訪れたことがある)
      b. Universal: I have known him since 1960.
                              [continuing (継続的) に相当]
          (私は彼とは 1960 年以来の知り合いだ)
      c. Resultative: The police have probably caught the suspect by now.
                              [stative (状態的) に相当]
          (おそらく，今頃は警察によって容疑者は逮捕されていることだろう)
      d. Recent Past: Archduke Ferdinand has been assassinated in Sarajevo.
                              ("hot news" June 28, 1914)
          (フェルデイナンド皇子サラエボで暗殺される)
      e. Stative Present: I've got (= I have) something to tell you.
          (あなたのお耳に入れたいことがあります)
上記 (ic) と (id) の区別については，後者の意味用法が前者の意味用法の特別な場合であると考えられるとする Michaelis (1994: 127, fn. 4) のアイデアを取り入れて，両者をともに「R 読み (R-reading)」の用法に統合する方針を Kiparsky (2002: 7) は示している．
  なお，本文中に取り上げた例文 (11a, b) と (11c) に見られる言語事実について，Nishiyama and Koenig (2010: 631) は，完了形についての意味用法の違いに基づかない，もっと簡潔な説明が可能であるとして，概略次のような説明を与えている．すなわち，have realized や have figured out のような完了形動詞は，過去の時点においては成り立っていなかったある心的状態が，現在成り立っていることを必然的に意味することになる．たとえ

は，時制の一致の見られない文であり，例文（11c）とは異なり自然な文となる．）時制の一致の可能となる条件として，Kiparsky (2002: 9) は従属節で表される事象（イベント（event））を捉える時点が，主節で表される事象を捉える時点に先行しなければならない，すなわち，従属節で表されている事象のほうが，主節で表されている事象よりも前に起こったことを示すような内容の文になっていなければならない，ということをあげている．上記三つの完了形の用法のうち，「継続」および「経験」の場合は，この条件が満たされた内容の文になるが，「結果」の場合は，それが満たされない内容の文となるので，後者の場合には時制の一致が適用できないということになる．詳しくは，Kiparsky (2002) 参照．

Higginbotham 自身は，このような Kiparsky による説明に必ずしも同調するわけではないが，示された言語事実については，さらに次のように解説している．すなわち，下記例文（12a, b）のように，行為（activity）や達成（achievement）を表すことが明らかな動詞が完了形になっているような文の場合は，確かに，B 過去としての読みは出てこないので，例文（12a, b）の従属節の部分の解釈として，それぞれ「経済状態が現在悪くなっている」「ジョ

ば，"Marc has (just / finally) realized that p" と言えば，p という命題が真であるということを Marc が現在信じていることになり，また，今まではその信念を持っていなかったことも意味することとなる．そのことは，下記例文（ii）が不適切な表現であるということからも理解できるであろう．それとは対照的に，have (always) known や have (often) thought のような完了形動詞の場合は，問題となっている心的状態が過去の時点において成り立っていたことを意味することとなる．ところで，時制の一致の規則ないし制約が適用できるためには，主節によって示されている物事（の基本的部分）が，過去の時点において実際に起こっているか，示されている状態になっているということが要求される．このことより，have (always) known や have (often) thought のような動詞の場合には，時制の一致による効果が見られるのに対し，have realized や have figured out のような動詞の場合には，そのような効果が見られないという違いが生じることになると言える．

(ii) #Marc has realized it, in fact he knew it already.
（マルクは今やそのことをはっきりと理解した．実は，彼はそのことをすでに知っていたのであった）

なお，Kiparsky の立場とは異なり，問題となっている言語事実を説明するために，完了形動詞の意味用法を細分化する必要はないとする主張は，Nishiyama and Koenig (2010) のみならず，Higginbotham (2009: 169, fn. 7) によっても示されている．

ンはこれから出発する」という B 過去としての読みは許されない．したがって，これらの文の従属節の過去形動詞 was は，もともとの過去形であり，時制の一致によるものとは解釈できないことになる．

(12) a. The president has realized that the economy was in bad shape.
（経済状態が悪化していたことを大統領は悟った）
b. Mary has announced that John was leaving.
（ジョンが出発しようとしていたということをメアリーは公表した）

このような言語事実に対し，Higginbotham 自身が与えている説明は概略次のようなものである．すなわち，主節動詞が say / know / think などの場合には，従属節の時制（Tense）にとって，主節の時制を表す E-position（Event-position, イベント位置）が可視的となっているので，主節の Tense とリンクされ，その結果，B 過去としての現在時制を与えられることになる．いっぽう，主節動詞が realize や announce の場合には，従属節の Tense にとって，主節のイベント位置が可視的でない（見えない）ので，そのようなリンクは形成できず，したがって，B 過去の解釈は出てこないことになる．その結果，もともと与えられている過去時制としての解釈（すなわち A 過去）だけが可能となる．ただし，主節のイベント位置が可視的である・ないの区別が，それぞれの動詞のどういう特徴により決まるのかについて詳しくは触れられていない．

イベント位置というのは，主語や目的語などと同じように，それぞれの述語に付随する項（term）の一種で，記号 e で表される（Higginbotham (1985) 参照）．この e と時を表す関数 τ との結合した τ (e) により，各イベントに結びつく時間情報（time）が示されることになる．従属節および主節の τ (e) ならびに文の発話時 τ (u) との間に成り立つ時間的前後関係により，それぞれの文の表す実際の時間情報が得られると考えられる．とくに，時制の一致による B 過去の解釈が得られるためには，従属節と主節のそれぞれのイベント位置のリンクが必要となる．

時制要素をイベント位置やイベント構造（event structure）に結びつけるメカニズムを用いて時制の一致の現象を捉えようとする試みについて，詳し

くは Higginbotham (1985, 2009), Ogihara (1996), Kiparsky (2002) 参照. イベント位置やイベント項 (event term) などの概念を用いた「イベント意味論」(event semantics) の枠組みによる意味論研究の例としては,ほかに井川 (2012) 参照.

4.2. 完了形と過去を表す副詞的表現

上で,完了形と時制の一致の関係について考察したのを受けて,ここでは,完了形と「過去を表す副詞的表現」との共起関係にかかわる時制の一致の現象について触れておきたい.まず,完了形について学ぶ英語学習者にとってはお馴染みの注意事項,すなわち,「完了形と過去を表す副詞的表現とを共起させてはならない」とする注意事項と関連する下記例文 (13a, b) から話を始めることにしよう.

(13) a. *He has spilled his coffee yesterday / two days ago.
   b. He spilled his coffee yesterday / two days ago.
   (昨日／2 日前ジョンはコーヒーをこぼした)

上記例文 (13a) に見るように,ふつうは,完了形と yesterday / two days ago などの副詞的表現は共起できないが,下記例文 (14a) に見るように,「時制の一致」のためにそれが共起した形で現れることがあるということを Higginbotham (2009: 173) は指摘している.

(14) a. John met a man today who had spilled his coffee yesterday / two days ago.
   b. John met a man today who spilled his coffee yesterday / two days ago.
   (昨日／2 日前コーヒーをこぼした男に今日ジョンは会った)

なお,この場合,(14a) の過去完了形は (14b) のように過去形にしてもよい,すなわち,(14a, b) の二つの文は「自由変異の関係にある (be in free variation)」ということを,同じく Higginbotham が述べている.

さらに，Higginbotham によると，上記例文 (14a) の関係節内の副詞的表現 yesterday / two days ago は，主節の時制である Past に呼応した形になっている．また，上で見たような言語現象が，単に関係節を含む文の場合だけでなく，下記例文 (15) (Higginbotham (2009: 174) より) に見るような補文構造の文の場合にも当てはまるということを知るのは，大変興味深いと思われる．

(15) Mary said yesterday that John had visited the museum two days ago.
（ジョンが 2 日前にその博物館を訪れていたと昨日メアリーは言った）

第 5 章

時制の一致を正しく理解するための学習ストラテジー

　この章では，時制の一致の現象の見られる文を英語学習者が正しく理解するために役立ちそうな学習ストラテジーについて考えてみよう．誰でも思いつきそうなことかもしれないが，次のようなストラテジーを当てはめて考えるとよいであろう．すなわち，表面上，過去形動詞が用いられている場合でも，その文の意味解釈を考える時には，文法的規則の一つとしての時制の一致の規則が働いた結果，そのような，いわば表面的な過去形動詞の姿となっている場合があることに注意して，その規則をいわば逆算して当てはめ，そこに意図されている正しい意味内容としての「時」を復元して割り出すという認知的演算を施すのである．

　時制に関する理論的文法研究の一環として，Enç (1987)，Abusch (1988, 1994, 1997)，三原 (1992)，Ogihara (1995b, 1996)，Stowell (1996, 2007)，Wada (1998)，Kiparsky (2002)，Pianesi (2006)，Higginbotham (2009)，金子 (2009, 2014)，Ippolito (2013) などが解説ないし提案している捉え方が，そのような認知的計算を具体化した規則の一つとして利用できるであろう．

　たとえば，Enç (1987: 635f.) は，伝統的な時制の一致の規則について，下記例文 (1a-c) をあげながら以下のような趣旨の説明をしている．

(1) a. John heard that Mary was pregnant.
    （メアリーが妊娠していることをジョンは耳にした）
  b. You knew that I was upset about the results.
    （私がその結果に驚いていることをあなたは知っていましたね）
  c. I heard that Sally was in London.
    （私はサリーがロンドンいると聞いていました）

すなわち，(1a-c) の例文において，下線部の動詞が過去形になっていることを説明するためには，Ladusaw (1977)，Comrie (1985, 1986) に見られるように，主節動詞の過去時制が補文動詞の現在時制にコピーされるとする「時制の一致」の規則が英語には存在すると考えることになる．[1]

この規則は，文の生成過程において，後のほうの段階で適用されると考えられる形態的規則の一種とみなすことができる．すなわち，この規則は，音声形式部門（Phonetic Form component, PF）において適用されるとする捉え方が考えられるであろう．たとえば，上記例文（1a-c）の補文動詞 was の持つ時制は，表面上過去時制になっている，すなわち，発音される（あるいは，文字表記される）表面的文としては，過去形時制を表す動詞の形をとっていることがわかる．しかしながら，その背後に存在すると考えられるS-構造（S-Structure）および論理形式（Logical Form, LF）の段階においては，現在時制となっているとみなされることになる．

このように，時制の一致の規則は，音声形式部門において適用される規則であると捉えることが重要であるということを Enç は強調している．というのも，（とくに時制に関する部分の）意味解釈を施す段階においては，問題

---

[1] この規則は，後ほど第 14 章で取り上げることになる Ross (1986: 198) が提案しているものと同種のものである．このような捉え方の時制の一致の規則のことを「古典的分析 (classical analysis)」(Enç (1987: 637)) と呼ぶことがある．そのような分析方法に対し，例文 (1a-c) の補文に見られるような過去形動詞は，主節動詞の過去時制による影響（あるいは支配）を受けて見かけ上の過去形になっていると捉え，そこから正しい意味解釈を引き出すために必要となる，真の時制関係を盛り込んだような姿（構造）に移し替えるためのメカニズムを導入する分析方法も提案されている．Ogihara (1995a, b; 1996)，Stowell (1996, 2007)，Higginbotham (2009) などがそのような例である．

第5章 時制の一致を正しく理解するための学習ストラテジー　　　59

になっている動詞の時制を，過去時制としてではなく現在時制として取り扱うことによって初めて，そこから文の持つ正しい意味解釈が得られることになるからである．

上の説明は，文法理論の中での時制の一致の捉え方の一つについて解説したものとなっているが，「学習英文法」を考えるときには，文の解釈の段階で用いる学習ストラテジーとして，以下に述べる Ogihara (1995b) のアイデアを応用して，時制の一致の規則に対応する「逆向きの演算」を当てはめて，求められている意味表示としての正しい時制についての解釈を引き出すというような案が考えられるであろう．

Ogihara (1995b: 673f.) によると，時制の一致の規則は，統語構造に意味解釈（厳密には，モデル理論的意味論 (model-theoretic semantics) による意味解釈）を施す前に LF において任意的に適用されるもので，次の (2) のように定義されることになる（なお，その後出版された Ogihara (1996) においては，時制の一致の規則は種々の改定が施され，時制の一致の現象を大きく捉えたような形のものとなっているが，とくに学習英文法の立場からは，ここに示す旧版のほうが，むしろ利用価値が高いと思われるので，ここでは，あえて旧版を採用することとしたい）．

(2) 　時制形態素（tense morpheme）α は，時制形態素 β により局所的に構成素統御されている（be locally c-commanded）とき（すなわち，α と β との間に別の時制形態素が介在しないとき），そしてそのときにのみ，消去できる．ただし，α と β はいずれも過去時制を表すものとする．

この規則を用いると，たとえば，下記例文 (3a) に含まれる二つの時制形態素を明示した (3b) において，二つ目の過去時制形態素 PAST は消去できることになるので，従属節には，(3c) のように，独自の時制形態素が欠けた状態で意味解釈部門に送り込まれ，そこから期待されるとおりの正しい意味解釈が得られることになる．

(3) 　a.　John said that Mary was sick.

  b. John PAST say that Mary PAST be sick.
  c. John PAST say that Mary ϕ be sick.

　つまり，表面上過去時制になっている部分に惑わされることなく，そこに「真の姿」を見出すための手法の一つとして，このような規則を応用することができるのではないかということになる．[2] (2) の規則は，時制の一致に対する「消去によるアプローチ (a deletion approach)」(cf. Wurmbrand (2007: 2)) と呼ぶことができるであろう．この規則についての解説としては，ほかに Ippolito (2013: 84) がある．

　ただし，統語構造の上で表面的に現れている PAST に関する情報を，上記 (2) の規則によって消去すると，どのようにして，期待されるような意味解釈，すなわち，John said, "Mary is sick." に相当する意味解釈，[3] が得られるのかについてのさらなる説明が必要になるであろう．それは，上記 (2) の規則によって ϕ に変えられた時制要素は，主節の過去時制要素と結びつけて解釈される (Ogihara (1996: 106, 120), Sharvit (2003: 670f.), Gennari (2003: 39), Wurmbrand (2007: 2f.) 参照) と考えることにより得られることとなる．

　そのような「結びつけ」をする道具としては，次のようなものが考えるかもしれない．すなわち，規則 (2) の適用により，従属節の PAST が消去された後は，たとえば，表面的に主語の欠けた不定詞構文の場合の，その隠れた主語 (PRO)（および，不定詞に与えられるべき時制情報）に関する意味解釈のメカニズムを説明するために提案されているような道具に匹敵するようなものを応用するという案である (Partee (1973), Kratzer (1998) 参照)．

　すでに上でも述べたように，上記 (2) の規則は，任意的な規則として提案されている．そうだとすると，同じ一つの与えられた統語構造に対し，常に次の二つの場合がともに許されることになるはずであるが，それで問題はな

---

 [2] このような分析の持つ興味深い点として，荻原 (2016: 138) は次のように説明している．「このような分析で面白い点は，意味解釈から考えた場合，日本語の方がストレートに解釈でき，英語の方がより複雑な手順を考えなければならないという点です．このような視点は，一つの言語を分析しているだけではなかなか得られないものです．」
 [3] この意味解釈は，後ほど説明する「同時読み (simultaneous reading)」に相当する．

いであろうか．すなわち，(2) の適用の結果，問題の PAST が消去される場合と，(2) が適用されずに，元の PAST が残ったままの構造を持った場合の二つがともに許されることになるはずであるが．

　上記 (2) の規則が任意的規則であるとする Ogihara の狙いは次のようなことにあると思われる．すなわち，上記 (3b) のような構造を持った文の場合，それに (2) の規則を適用すれば，(3c) のような構造の文が得られることとなり，それにより，時制の一致による「同時読み，同時性解釈 (simultaneous reading)」(第 10 章参照) の解釈，すなわち，John said, "Mary is sick." に相当する意味解釈が可能となることが説明できる．いっぽう，(2) の規則が適用されなかった場合は，(3b) の構造のまま意味解釈部門に送られ，そこから，もう一つ別の意味解釈である「(後方) 転移読み，転移性解釈 ((back-)shifted reading, anteriority reading)」(第 10 章参照)，すなわち，John said that Mary had been sick. に相当する意味解釈[4] が得られることとなる．

---

[4]「(後方) 転移読み」のことを Abusch (1988: 1) は "backward shifted reading" と呼び，また Hornstein (1990) や Ogihara (1995b: 668) は "shifted interpretation" と呼んでいる．Ogihara (1995b: 668) によると，John said that Mary was sick のような文の場合，the day before (その前日) のような適当な副詞的表現を伴わない限り，転移読みの解釈はすぐに思い浮かべられるような解釈とは言えず，人によっては，そのような解釈は無理だとする英語母語話者もいるくらいだということである．Declerck (1995: 22) も，具体的コンテクストが与えられない場合は，同時読みの解釈の方が好まれるということを指摘している (ただし，「同時読み」および「(後方) 転移読み」に相当する用語として彼が用いているのは，それぞれ，"relative past tense (form)" (相対的過去時制 (形式)) および "absolute past tense (form)" (絶対的過去時制 (形式)) である). Stowell (2007: 448) によると，同じような事実の指摘は，Boogaart (1999) においても見られるとのことである．

　同時読みと (後方) 転移読みの二つの異なる読みが得られる時制上のメカニズムを説明するために，Wada (1998: 184f.) は，Declerck (1991b) の用いている "temporal focus" (時制上の焦点) の用語を「発話者の注意が時制上のどの点に向けられているか」を表す用語として捉え直し，概略次のように解説している．すなわち，temporal focus (TF) が，主節の過去形動詞 said が表すのと同じ過去の時点に置かれているような場合は，そこから同時読みの解釈が得られ，いっぽう，TF がその過去の時点よりさらに前の時点に置かれているような場合には (後方) 転移読みが得られることになる．詳しくは，Wada (1998) 参照．

　なお，このような場合の二つの異なった読みを許す文は，ある意味で「曖昧文」であるということになるが，「曖昧文」の解釈には，次のような二つの異なった捉え方が可能である．すなわち，一つ目は，ある一つの文に対し，二つ (以上) の異なる意味解釈が可能であるが，その異なる解釈は同時に成立するのではなく，ふつう，与えられた具体的文脈ごとにどれか

このようにして，(3b) のような構造を持った文 (3a) が曖昧文であるという事実を説明できる ことになる (Gennari (2003: 38f.), Ippolito (2013: 84) 参照).(可能な三つ目の解釈については，第 10 章注 5 参照.)

あと考えなければならないのは，すでに第 3 章において簡単に触れたように，時制の一致の対象になるのは，従属節が「状態を表す」場合に限られるということが知られている (Higginbotham (2009: 174f.) 参照) ので，(2) の規則の中にもこの種の条件を盛り込む必要があるのではないかということである．この条件については，後ほど第 6 章において再び取り上げることにしたい．

なお，上記の規則 (2) に含まれている，「局所的に構成素統御されている」という条件の持つ問題として，Ogihara 自身によってもその後認識されていることではあるが，そのままでは強過ぎるという問題を指摘することができるので，部分的な手直しが必要となると思われる．そのことについては，「構成素統御 (c-command)」についての定義のことも含め，後ほど第 14 章において解説することにする．

上でもすでに指摘したとおり，(2) の規則を臨機応変に用いることにより，日本人英語学習者にとって習得の困難な，時制の一致の現象にかかわる部分の英語学習のうち，とくに英文解釈の作業に役立てるということは十分

一つの解釈が選ばれるというようになっているという意味での「曖昧文」の場合である．二つ目は，その異なった複数の意味解釈が，与えられた具体的文脈のいずれにおいても同時に成り立つという意味での「曖昧文」の場合である．それぞれの場合を，Wada (1998: 185ff.) に従って，"homophonous"（同音の）および "polysemous"（多義の）の用語を用いて区別することができる．あるいは，G. Lakoff (1970) に従って，それぞれ，"ambiguity"（曖昧性）および "vagueness"（不明瞭性）と呼び分けることも可能であろう．詳しくは，G. Lakoff (1970), Declerck (1995: 22) 参照．

上で取り上げた，過去形動詞の持つ時制上の解釈の曖昧性については，homophonous, polysemous いずれの場合に該当するとみなすのが正しいのかに関し，意見が分かれるようである．すなわち，前者の立場をとる Declarck (1995: 22) のような捉え方もあれば，後者の立場をとる Wada (1998) のような捉え方もあるといった具合である．詳しくは，Wada (1998: 186, fn. 16) 参照．なお，過去形動詞の持つ時制上の解釈について見られるこのような曖昧性の問題は，後ほど 10.1 節で取り上げることになる，現在形動詞が示す時制上の解釈について見られる曖昧性の問題とも密接にかかわる問題でもある．

に考えられることである．

　いっぽう，英語学習者自らが，時制の一致の見られるような文を正しく作り出す英作文的場面を考えると，むしろ，上に説明した，Enç (1987) が解説している伝統的規則としての時制の一致の捉え方のほうが，学習ストラテジーの候補として採用しやすいように思われる．

　このような両者の違いはどこからくるのであろうか．その答えは，Enç (1987) が解説している伝統的時制の一致の規則と Ogihara (1995a, b; 1996) によるそれとでは，学習ストラテジーの見方からすると，ちょうど逆方向に作用する働きを持っているからだと言える．それら二つの規則の働きを，次の二つの違いに焦点を当ててまとめてみよう．すなわち，①問題となる二つの時制の組み合わせ内容がどう異なるか，および②その組み合わせ内容に，文の生成過程において変化が生ずると考えられる段階がどう異なるか，の二つの違いである．

　伝統的時制の一致の規則の場合は，最初，PAST-PRESENT の組み合わせ（二つの時制要素は，左から順にそれぞれ，主節および従属節の時制要素を表す．以下同じ）として最初出発したものに対し，発話文（ないし書記文）として期待されるような姿のものとなるよう，それを音声解釈部門（PF）において PAST-PAST の組み合わせに変更する働きを持っていると言える．いっぽう，Ogihara (1995a, b; 1996) の場合は，それとは逆に，最初 PAST-PAST の組み合わせとして出発したものに対し，今度は，そこから期待されるような意味解釈が得られるように，それを意味解釈部門（LF）において PAST-∅ の組み合わせに変更する働きを持っていると言えるであろう．時制の一致のメカニズムに対するこの二つの異なった捉え方を Enç (2004: 204) は，それぞれ，「表面上現れた過去時制は実は現在時制であるとする」捉え方（the past-is-really-present approach）および「表面上現れた過去時制は実は存在していないとする」捉え方（the past-is-really-not-there approach）と呼んでいる．[5]

---

　[5] Enç (1987, 2004) 自身の捉え方は，両者のいずれとも異なる捉え方，すなわち，「つなぎ留め（anchoring）」によるメカニズムであり，これは，概略，以下のような内容のもので

言葉を変えて言えば，前者の場合の表示 PAST-PRESENT は，意味解釈上は問題ないが，音声解釈上は問題があるのに対し，後者の場合の表示 PAST-PAST は，音声解釈上は問題ないが，意味解釈上は問題があることになる．したがって，それぞれ問題のある音声解釈上および意味解釈上の手直しが必要となるので，（それぞれに異なる内容を持った）時制の一致の規則の手を借

ある．すなわち，過去時制はいずれの用法においても，見かけ上のものではなく実質的な性質を有するものであり，それを局所的に束縛している別の時制要素によってつなぎ留められ（固定され）なければならない．詳しくは，Enç (1987, 2004) 参照．(Enç (2004) は，Enç (1987) に対する Abusch (1988)，Ogihara (1996) などの批判に応える形で，Enç (1987) の中で提案したつなぎ留めによるメカニズムの改訂版を提示することを目的として書かれたものである．）

なお，Enç (2004: 211ff.) によると，下記例文に見るような時制の一致の現象も，つなぎ留めのメカニズムにより，I (=INFL) の一つである不定詞 to が主節動詞の I につなぎ留められることにより，その I の持つ過去時制要素 [past] が不定詞へと継承され，さらに従属節の動詞も同じように過去形となると説明されることになる．

(i) a. We decided to tell the prosecutor tomorrow that we were talking to him reluctantly. (=第1章 (4d))
b. I persuaded Peter to say tomorrow that he was sick.
（私はピーターに自分が病気であることを明日告げるよう説得した）

ところで，上記例文 (ia) は，第1章で取り上げた「過去における未来」あるいは「過去において予定された未来」を表す過去形の用法の一つとして，該当例文の中に加えておいたものであるが，上記例文 (ib) のような例をもこの種の例文として取り扱うには，「これからの予定として起こることを過去形で表す用法」というようなまとめ方は少々大雑把で不適当であるようにも思われるので，もう少し注意深い取り扱いが必要になるであろう．

それに対し，上で取り上げた Enç (2004) による説明は，動詞 decide, persuade 以外にも，promise, ask, expect, want などの動詞の後ろに不定詞構文が続くような場合にも当てはまる一般的な説明を可能とするという点において，説得力を持つように思われる．

いっぽう，Ogihara (1989: 190ff.; 1996: 128ff.) も同種の例文として，下記例文 (iia) を取り上げ，(iib) に見るのと同じような時制の一致の現象が見られることに注目している．

(ii) a. John asked Bill to claim that he did not know anything about the crime.
（その犯罪については何も知らないと主張するようにジョンはビルに頼んだ）
b. John thought that Bill would claim that he did not know anything about the crime.
（ビルはその犯罪については何も知らないと主張するであろうとジョンは思った）
cf. c. John thought that Bill will claim that he did not know anything about the crime.
（ビルはその犯罪については何も知らなかったと主張するであろうとジョンは思った）

りて，それぞれ，望ましい音声解釈および意味解釈に直接結びつく組み合わせ内容を持った PAST-PAST および PAST-∅ のペアに作り変える狙いを持っていることになる．

　問題となっている二つの分析案は，文法の内部組織のメカニズムの研究にたずさわる者が一般的に目指す目標，すなわち，意味解釈上も音声解釈上もともに問題のないような心的表示を作り出すことが可能となるようなメカニズムの構築を目指すという目標，の点では異ならないと思われる．ただし，出発点となる構造が，意味解釈・音声解釈のいずれに直結しやすいような姿になっていると考えるのかに関し，両者はちょうど反対の立場に立つと言えるであろう．逆に言えば，直結した姿になっていないので手直しをしなければならなくなるのは，意味解釈・音声解釈のいずれにかかわる部分なのかに

　Ogihara の場合は，彼の提案する時制の一致の規則（本章の (2) 参照）の働きが，このような場合，不定詞の部分を飛び越す形で，主節の過去時制要素から that 節の過去時制要素へと及ぶことにより，後者の過去時制要素が消去されることになる．その結果, that 節の中の過去時制は見かけ上のもので，実際は，不定詞によって示される未来時に合わせた「同時読み」の解釈が得られるという趣旨の説明を Ogihara は与えている．
　なお，同じように金子 (2014: 220) の指摘している Wurmbrand (2007: 5) による下記例文 (iiia, b) も同種の例文としてここに加えることができるであろう（下線は原文のまま）．
　　(iii)　a.　John promised me yesterday that he will tell his mother tomorrow that they were having their last meal together (when ...).
　　　　　　（ジョンは明日母に次のように言うことを昨日私に約束した．「(... したときが) 母さんと一緒にした最後の食事でしたね」と）
　　　　b.　John promised me yesterday to tell his mother tomorrow that they were having their last meal together.
　　　　　　（ジョンは明日母に次のように言うことを昨日私に約束した．「これが母さんと一緒にする最後の食事になりますね」と）
金子 (2014: 219) は，上記例文 (iic) および (iiia) に見るように，時制の一致の働く主節と従属節との間に，とくに現在時制節が介在するような場合，時制の一致が許されなくなるということに注目し，これを「介在節の条件」として時制の一致の認可条件の一つに加えている．詳しくは，金子 (2014) 参照．
　なお, 例文 (iiib) の場合，例文 (iiia) とは異なり，promised と were の間に時制の一致の現象が見られるその理由として，Wurmbrand (2007: 5f.) は，一般的に不定詞は時制を持たないので，この場合のように，二つの過去時制動詞の間に不定詞 to tell が介在していても，時制の一致に求められる局所性の条件 (4.1 節参照) を破ることにならないからであると説明している．

関し，両者はちょうど反対の立場に立つと言うことになるであろう．

英文解釈の作業過程において，音声言語ないし書記言語としての英語の文に接する日本人英語学習者の立場からすると，PAST-PAST の組み合わせを持った文を前にして，そこから求められている正しい意味解釈にいかに到達するかが問題となる．したがって，そのような学習者にとっては，意味解釈に直結する PAST-∅ の組み合わせに変える働きを持った Ogihara (1995a, b; 1996) による時制の一致の規則のほうが有効な学習ストラテジーになりうることになる．いっぽう，英作文の作業過程において，日本語の文法に左右されて，どちらかというと PAST-∅（というより，むしろ PAST-PRESENT）のほうの組み合わせをまず想起しがちであると思われる日本人英語学習者の場合には，最初思い浮かべることとなる PAST-RESENT のペアを，英語の文法にかなった望ましい音声表示・文字表示に直結するような PAST-PAST のペアに変える働きを持った，いわば伝統的な時制の一致の規則のほうが，むしろ有効な学習ストラテジーになると考えられるであろう．

時制の一致に関する理論的研究の中で Enç (1987) が取り上げ解説している規則，および Ogihara (1995a, b; 1996) が提案している規則自体は，いずれも，ここで問題にしているような学習ストラテジーとして提案されたものではないが，この異なる二つの規則を，学習ストラテジーに応用して，臨機応変に用いることにより，時制の一致にかかわる部分の学習効果を上げることが考えられるかもしれない．

以上のように論点をまとめてみると，そこから初めて見えてくることがある．すなわち，具体的文の生成過程を考える場合に，心的レキシコンの中から適当な語彙項目を選んで（心・脳の中で）統語的構造を構築する際に，統語構造の中の，とくに時制要素にかかわると考えられる屈折句 (Inflectional Phrase, IP) の主要部 I (=INFL, Inflection) を形成する素性の一つとなる時制素性として，PRESENT, PAST（あるいは [−past], [+past]）のいずれを選択すべきかの判断については，多くの場合，さほど困難はないものと思われがちである．しかしながら，ここで問題にしているような時制の一致にかかわる場合のことを考えると，問題はそれほど簡単ではないと思えてくるのである．

第 5 章 時制の一致を正しく理解するための学習ストラテジー　　　67

　なお，統語構造の構築のメカニズムに関するミニマリズムの研究の中では，時制要素はレキシコンの中から独立的に直接選択されるものではなく，補文標識 C（=COMP, Complementizer）から継承されるものであるとするアイデアが提案されている．すなわち，「時制（tense）を含む屈折素性が実は C の特性であって，これらの素性は I によって継承されている（inherited）ものであると信じるべき充分な根拠が存在する」（福井（2012: 15））というような Chomsky のアイデアが提案されるようになってきている（Chomsky（2008: 143-144）参照）．さらに，新たな問題として，ミニマリズムにおける併合（Merge）方式による統語構造の組み立て方を当てはめた場合に，時制の一致の現象にかかわる部分はどのようになるのかの興味深い問題が持ち上がってくることになるが，本書では，そこまで深く立ち入ることはできない．統語構造の構築の際の時制要素の導入がどのようになされるかの問題についても，ここでは，いちおう，上に紹介したような伝統的なアイデアに従うこととし，さらに，これまで取り上げてきた，学習ストラテジーの面から見た，時制の一致の現象に関する二つの分析法の違いについての話題に話を戻すことにしよう．

　すなわち，上で取り上げた二つの異なる時制の一致の規則に関する捉え方には，このように，時制素性の選択に関する判断の違いが見られるのであるが，このことはすなわち，統語構造を組み立てていくときの時制要素の選択の問題が，上で指摘したように，それほど簡単ではないことを示す一つの証拠になると考えられるであろう．両者の間で大きな違いが見られるのは，上で，学習ストラテジーの観点から見た場合の両者の規則内容の違いについてまとめた際に明らかになったように，（文の生成過程の早い段階で行われると考えられる）時制要素（PREENT, PAST）選択のその中身の違いである．すなわち，上で説明したような伝統的時制一致方式および Ogihara（1995a, b）方式のアイデアに従って，それぞれ，PAST-PRERENT および PAST-PAST のようなペアが早い段階で構築されるとみなすことになる．この違いが，時制の一致の規則が適用される対象としての構造そのものの違いとも繋がってくることになる．（PAST-PRESENT および PAST-PAST の組み合わせよりなる文のことを，それぞれ，"present-under-past sentence"

および "past-under-past sentence" と呼ぶことがある．それぞれ「主節に過去時制，従属節に現在時制を持った文」および「主節に過去時制，従属節に過去時制を持った文」という意味である．）

このように，時制の一致の現象にかかわる具体的文の生成過程を考えた場合，その比較的早い段階において構築される基底構造の，とくに時制要素の選択にかかわる部分がどのようになっているのかということが，重要な問題の一つになりうるということが理解できるであろう．

さらに難しいと思われるのは，英語母語話者の習得している文法の内部に潜む，時制の一致に関する全般的メカニズムが，一体どのような内容のものになっているのかを明確にするという作業である．すなわち，広い意味での「独立読み」および，後ほど第 10 章第 1 節で取り上げることになる「二重アクセス読み」の現象との関連をも考慮に入れた，時制の一致に関するメカニズムの全体像を提示することになると，さらなる困難が伴うことであろう．

第 6 章

時制の一致と「状態動詞」

すでに第 3 章で見たように，独立読みが可能となるような従属節の持つ一般的な特徴として，「状態を表す」という特徴を指摘することができる．念のため，第 3 章で取り上げた例文 (1), (2) をそれぞれ例文 (1), (2) として下に再録しておこう．

(1) a. We learnt at school that 2 and 2 is 4.
　　b. The ancients did not know that Africa is an island.
(2) a. John said that Mary is pregnant.
　　b. Julia testified that her husband is insane.

興味あることには，すでに第 3 章および第 5 章で簡単に触れたように，同じような特徴が，時制の一致によって「見かけ上の過去形」あるいは「偽の時制（false tense）」(cf. R. Lakoff (1970: 839)) となっている従属節が，「同時読み」の解釈を許すような場合にも見られる．すなわち，そのような場合，時制の一致が適用されるためには，従属節の動詞が状態を表すようなものでなければならないということを指摘することができる．たとえば，第 5 章で取り上げた例文 (1)（下に例文 (3) として再録）を見てみよう．

(3) a. John heard that Mary was pregnant.

b. You knew that I was upset about the results.
   c. I heard that Sally was in London.

　上記例文 (3) の下線部の動詞は，いずれも状態を表すので，その過去時制 PAST は，時制の一致により，主節の動詞の持つ PAST に照応した「見かけ上の過去形」としての解釈，すなわち，同時読みとしての解釈が可能となる (cf. John heard, "Mary is pregnant," etc.)．いっぽう，次のような例文 (Enç (1987: 634) より) の場合には，

(4) a. Mary found out that John failed the test.
   b. The gardener said that the roses died.[1]
   c. Sally thought that John drank the beer.

「従属節は状態を表すものでなければならない」という条件が満たされていないので，同時読みの解釈は許されず，「(後方) 転移読み」としての解釈のみが可能となる．すなわち，上記例文 (4a-c) は，表面的には，例文 (3a-c) と同じように PAST-PAST の組み合わせを持った文の姿をしているが，二番目の過去時制要素 PAST は，時制の一致により得られた「見かけ上の過去形」ではなく，文字どおりの過去形として解釈されることになる．ここで言う「見かけ上の」は，「音声表示として過去形の姿をしているが，それは見かけ上のことであり，意味表示として正しくは，現在形（あるいは ∅）に相当する」の意であり，いっぽう，「文字どおりの」は，「音声表示として過去形の姿をしているこの動詞は，意味表示としても過去形と解釈されるべきもので，文字どおりのものとなっている」の意である．
　ところで，第 5 章で解説した伝統的時制の一致の規則および Ogihara (1995b) による時制の一致の規則を当てはめて考えるとどうなるであろう

---

[1] 例文 (4b) の動詞 died が下記例文 (i) のように were dead となっていたなら，例文 (3a-c) の場合と同じように，(後方) 転移読みと同時読みのいずれの解釈も可能となる曖昧文であることになるであろう．
   (i) The gardener said that the roses were dead.
      (庭師はバラがしおれてしまった／しまっていると言った)

か．すでに見たように，その規則の対象となる構造表示，およびその規則が適用される（文生成上の）段階に関し，両者の規則には違いが見られるとは言え，上記例文 (4a-c) は，いずれの規則の場合も，その規則に課せられるべき状態動詞に関する条件が満たされていないことになるので，いずれも，時制の一致の規則の対象から外れるとみなされることになると言える．

なお，「状態を表す」という条件は，上記例文 (3) に見るような be 動詞（および，それに類する動詞）の場合だけでなく，下記例文 (5) に見るような一般動詞の場合にも満たされることがあるということを付け加えておきたい．

(5) a. Tim claimed that Bill <u>lived</u> in Hells Kitchen.
   （ティムはビルがニューヨークのヘルズ・キッチンに住んでいる／いたと主張した）
   b. John said that the train <u>left</u> at 4.50. （=3.1 節，注 7 の例文 (iib)）

このような条件をもう少し一般化した形で述べると，「状態や習慣を表す動詞，進行形動詞，完了形動詞などからなる述部」ということになるであろう（Gennari (2003: 44f.), Stowell (2007: 448) 参照）．

以上の考察から，次のような一種のストラテジーを考えることができるかもしれない．すなわち，主節と従属節がともに過去時制となっているような場合，従属節の部分だけを取り出して，それに対応する現在時制版の文を考えてみたときに，依然として，そのまま自然な文となるような場合には，もともとの従属節の過去形は時制の一致によるものと解釈できることとなり，したがって，その従属節には同時読みと（後方）転移読みの二つの解釈が可能となる．いっぽう，上のようにしてできた現在時制版の文がどこか不自然な文となる場合は，もともとの従属節に対しては，（後方）転移読みの解釈だけが許されることになる．

ここで，これまでの議論の出発点に戻ってみることにしよう．すなわち，これまでの考察の底流として流れていたのは，英語の学習者にとって役立つような，時制の一致に関する学習ストラテジーとしてどのようなものを考えることができるだろうかということであった．言葉を変えて言えば，与えら

れた英語の文の中に，時制の一致の規則が働いているような文が見出される場合に，そのような文を正しく解釈するための学習ストラテジー，および，学習者自らが，必要に応じて時制の一致の規則を正しく当てはめて，自然な英語の文を作り出すための学習ストラデジーとしてどのようなものを考えたらよいか，についてであった．

しかし，日常，実際に用いられている英語の文の中には，これまで取り上げたような時制の一致の例外となるような文が含まれているのに加え，後ほど第8, 9章で問題となるような「心的惰性（mental inertia）」あるいは「仮定法の伝播」と呼ばれるような現象も潜んでいるので，そのような言語事実についての一般的な知識をも身につけた上での対処法が望まれる．したがって，英語母語話者に匹敵する英語力を目指す学習者にとっては，上で概観した学習ストラテジーの中身をさらに充実したものに向上させていかなければならなくなるであろう．そのような，時制の一致の規則にかかわる部分に焦点を当てたような英文解釈の学習ストラテジーについて，さらなる考察を加えていくのは，第二言語習得あるいは英語教育の理論的研究にとって興味あるテーマの一つになるであろう．

前の章でも触れたように，英文解釈の面から見た学習ストラテジーを考えるのは，比較的容易ではないかと考えられるのに対し，いっぽう，学習者が英語の文を作り出していく場面（いわゆる英作文の学習）に応用できるような学習ストラテジーを考えるのは，少々厄介なように思われる．すなわち，具体的文の統語構造の組立ての段階で，時制の一致の規則関連のメカニズムがどのように働いているのかを明確にするには，文法理論に関する深い知識，とりわけ，言語運用（performance）の中の，文の産出（production）のメカニズムについての知識が必要となるからである．

本書においては，そのような，文の産出に関する理論的研究を取り入れた具体的学習ストラテジーを提示することはできないが，ここでは，大雑把ながら，時制の一致の規則にかかわる部分の文産出のメカニズムについて，思い浮かぶ事柄をいくつか並べてみることにしたい．

まず，話し手の意図（話し手が伝えたい意味内容）を言語表現として構築するのが統語部門での操作であるから，当然のことながら，時制に関する意

第6章 時制の一致と「状態動詞」

味情報のことも統語構造構築の操作の中に組み込まれているのではないかと推測される．そうであるならば，時制関係の意味情報のうち，時制の一致の部分に対応する「心的演算」の中身がどうなっているかを考えるときに，まず，複数の数の節や文の組み合わせからなる統語構造を構築していくときに，その中に見られる複数の数の時制要素の組み合わせに関する文法的操作の具体的中身が問題となるであろう．とくに，時制の一致の統語的操作がどのような条件のもとで，どのように適用されるのかが知りたいところである．

そのような場合，いわゆる「時制の一致の例外」となる場合に該当するかどうか「吟味する」ことから始まるのだろうか．それら例外を，仮に大雑把に「独立読み」の場合としてまとめることができたとしよう．すると，独立読みの場合を除外して，その残りの場合に，（統語規則としての？）時制の一致の規則を適用させるというようになっているのであろうか．すなわち，まず，（後ほど，そこから）独立読みの意味解釈へと結びつけることが可能となるような適当な時制要素を選択しておくのであろうか．そして，独立読みの必要のない（場合であると判断される？）場合にも，それ相応の適当な時制要素の選択を行った上で，時制の一致の規則に委ねるという形をとるのであろうか．それとも，独立読みの対象となったものを除外した残りのものにも，時制の一致の対象となるものとならないものが出てくるということなのであろうか．たとえば，第10章で解説するように，補文は一般的に時制の一致の対象になるが，関係節はならないといった具合に，何か統語的特徴をもとに，対象となる場合とならない場合の二つの場合を，まず大雑把にでも区別するというようなことが必要になるのであろうか，などなど．

このような観点から，時制の一致に関する具体的文の産出のメカニズムについてさらに一歩踏み込んだような研究が求められるところであるが，それは本書の狙いをはるかに超えた領域に踏み込んでいくことになるので，ここでは，これ以上議論を進めることはできない．

ここでひとまず，時制の一致に関する学習ストラテジーの話題を離れて，第3章まで進めてきた，時制の一致に見られる統語的現象の話題に話を繋げていきたい．

英語教育の現場において，とくに中級程度までの学習レベルにおいては，時制の一致の文法規則について，これまで第 1-3 章において取り扱ってきたような，いわば単純な例文をもとに学習することが多いと思われる．ただし，英語学習者が教科書や参考書の中で目にすることのある例文の中には，第 3 章第 1 節において取り上げた例文（6a, b）（下に（6a, b）として再録）に見るように，関係節や副詞節を従属節として含むような，もう少し複雑な例文を見いだすこともあるであろう．

(6) a. My father convinced me that nothing was useful [which was not honest].
    b. It was a saying of his, that no man was sure of his supper [till he had eaten it].

　したがって，そのような学習者の中には，そのような例にも当てはまる形のやや一般化した規則として，自分なりに時制の一致を捉えている学習者が出てくることが期待できるかもしれない．しかしながら，これだけでは，さらに上を目指す英語学習としてはまだ不十分である．日常私たちが接する英語の文の中には，二つ以上の従属節，それも，いろいろな種類の従属節が含まれていて，それぞれの動詞の時制が問題となるような複雑な文も存在するので，少なくとも中級程度以上の学習者としては，そのような文をも正しく書いたり読んだりできるような文法的知識を身につけていることが期待される．

　そのような複雑な種類の，いわば時制の一致の拡大版とも言えるような現象について話題を進める前に，次章において，副詞節に見られる時制の一致の特徴についてまとめてみたい．

第 7 章

副詞節に見られる時制の一致の特徴

　Ota (1963: 113) は，副詞節における時制の一致の現象について，通常は議論の対象とならないことを指摘し，その理由を次のように述べている．すなわち，時制の一致は文法的現象の一つと考えられるのに対し，副詞節の中の時制の選択は文法的というより意味的な制約に支配されるからである．副詞節の中でも，とくに「理由」，「様態」，「比較」，「結果」などを表すもの，すなわち，because, since, as, than, so that などの接続詞によって導かれる副詞節のほうが，「時」や「条件」を表す副詞節の場合より，時制の一致の規則に従わないケースが一般的により多く見られるということを，Ota (1963: 113) は彼の調査した英語のデータの分析結果をもとに報告している．[1]

---

[1] 「条件」を表す if の場合は，取り扱う具体的例文によっては，時制の一致が見られないこともあるので，Ota (1963) とは異なり，中右 (1980: 131) が行っているように，これを時制の一致に従わないほうの部類に入れることもある．
　時を表す従属節が時制の一致に従うことを示すデータとして，以下のような例文 (Stowell (1996: 287) より) をあげることができる．
　　(i) a.　John arrived when / after / before the police were (*are) here.
　　　　b.　John will arrive when / after / before the police are (*were) here.
　また，Hornstein (1990: 46) のあげている次のような例文も同じような事実を示すことになる．
　　(ii) *John came as / before / after / when / while / now that / since Harry arrives.

Ota が指摘しているように，副詞節の中の時制の選択が「文法的というより意味的な制約に支配される」ということは，第3章で説明したような「独立読み」の性質を帯びることと密接に関係すると思われる．すなわち，それぞれの副詞節の意味・内容に応じた時制が選ばれることとなり，時制の一致による「見かけ上の時制」の形を取らないという傾向が見られるということになる．

なお，上で述べた「意味的制約」は，特定の接続詞によって導かれた副詞節の場合だけに当てはまることではなく，第3章で取り上げた時制の一致の例外となる場合も，広い意味での「意味的制約」の一つとみなすことができる．さらに，次のような語用論的判断も，そのような制約の働く一例と考えることができるであろう．すなわち，時制の一致の見られない次のような文 (Abusch (1988: 6f.) より) は，語用論的に不自然な内容の文であることになる（第3章第1節の注2参照）．

(1) a. John heard two years ago that Mary is pregnant.
（ジョンは2年前，メアリーが妊娠していることを耳にしたが，今もその状態が続いている）

ただし，Hornstein 自身は，このような言語事実を時制の一致の規則を用いて説明するのではなく，それとは別の規則によるものと考えている．すなわち，このような事実を説明するために，Hornstein (1990: 43) は，時を表す副詞節の時制を主節の時制に結びつける働きをする統語的規則として，RTC (rule for temporal connectives（時制連結詞規則）) を提案している（「時制連結詞」というのは，上記例文 (ii) に見るような as/before/after などの接続詞のことである）．

Hornstein によると，RTC の規則は，時制の一致の規則とは異なり，普遍的な性質を持ち，義務的に働くことになる (p. 195)．さらに，この二つの規則の対象となる文の持つ構造の違いからも両者を区別することができる．すなわち，時制の一致の規則の場合には，問題となる二つの時制要素の間に統率 (government) の関係が成り立つのに対し，RTC の規則の場合には，それが成り立たないことになる (p. 190)．「統率」の概念については中村ほか (1989, 2001) 参照．

ただし，RTC の規則が普遍的性質を持つとする指摘については，下記例文 (iii) に見るように，日本語にはこれが当てはまらないような場合も見出されるので，この点に関し，さらなる検討が必要になると思われる（例文 (iiib) は楠本 (2012: 294) より）．

(iii) a. ハリーが到着する前にジョンがやってきた．
b. 昨日，晩ご飯を食べている時，太郎から電話があった．

b. Yesterday at noon John pointed out that the sun is straight overhead.
（昨日正午にジョンは太陽がちょうど今真上にあることを指摘したが，今もその状態が続いている）

ところで，時や条件を表す副詞節は，一般的に時制の一致に従う傾向が強いということに関連する興味深い言語事実として，次のようなものを指摘することができる．すなわち，下記例文 (2)–(4) のうち (4a, b) に見るように，next year, next spring など未来を表す副詞と過去形動詞が共起した形の文が許されるという事実である．以下にあげるのは，久野・高見 (2013: 125) による説明を引用したものである．（下の引用箇所の中に取り上げられている例文，およびそれに関連する例文に新たな例文番号 (2)–(4) を付してその下に引用しておこう．日本語訳は千葉が追加したものである．）

さて，時や条件を表す副詞節の中では，未来の事柄でも，will が用いられず，相対時制の現在形動詞が用いられる（下記例文 (5a, b) 参照—千葉）ため，このような副詞節の中であれば，時制の一致が適用された場合，would ではなく，動詞の過去形が用いられ，(13b)（=下記例文 (2b)）や (28)（=下記例文 (3)）の（ように不適格なはずの—千葉）過去形動詞 graduated が，未来を表わす副詞と共起できると予測されます．この予測は，次の文（下に (4a, b) として引用—千葉）が適格であることから，正しいことが分かります．

(2) a. He **says** that his son **graduates** from college **next spring**.
（彼は来春息子が大学を卒業すると言っている）
b. *He **said** that his son **graduated** from college **the next / the following spring**.
（graduated が，彼が発言した時より未来の出来事を指す解釈として，不適格文）
cf. He **said** that his son **would graduate** from college **the next / the following spring**.

(3) *He **said** that his son **graduated** from college **next spring** / **two years from now**.

   cf. He **said** that his son **would graduate** from college **next spring** / **two years from now**.

(4) a. John said that his son would spend a year in Europe **after** he **graduated** from college **next year**.
   （ジョンは，彼の息子が来年大学を卒業後，ヨーロッパで1年間過ごすと言った）

   b. John said that his daughter would become a CEO of one of his companies **when** she **graduated** from college **next year**.
   （ジョンは，彼の娘が来年大学を卒業すれば，彼の所有するいずれかの会社のCEO（最高経営責任者）になると言った）

すなわち，もともと，未来の時や条件を表す副詞節の中に現在形動詞が用いられている下記例文 (5a, b) のような文が，従属節の that 節として "John said" の後ろに合体されると，時制の一致が適用されて，上記例文 (4a, b) のような文がそれぞれ生成されることになる，ということを説明している。[2]

---

[2] 本文中に引用した久野・高見 (2013: 125) による解説の中でも説明されているように，動詞の過去形 graduated でなく法助動詞 would を用いた下記例文 (ia, b) の場合は非文法的文となる。

   (i) a. *John said that his son would spend a year in Europe after he <u>would</u> graduate from college next year.
       b. *John said that his daughter would become a CEO of one of his companies when she <u>would</u> graduate from college next year.

以下に示すような Declerck (1995: 23) のあげているデータも同じことを表している。

   (ii) a. John will leave before Mary arrives / *will arrive.
        b. John will wait until Mary arrives / *will arrive.
   (iii) a. John expected he would be there before I arrived / *would arrive.
        b. John said he would wait until I arrived / *would arrive.

Wada (1998: 189) も，同じような下記例文 (iva, b) を取り上げているが，非文法的文となることについての説明方法には，部分的に異なるところがある。詳しくは，Wada (1998: 188ff.) 参照。

   (iv) a. *He said that he would help her mother when she <u>would</u> be in trouble.
        b. *I said I would do it when I <u>would</u> be back home.

(5) a. His son will spend a year in Europe **after** he **graduates** from college **next year**.

b. His daughter will become a CEO of one of his companies **when** she **graduates** from college **next year**.

なお，上記例文の中に用いられている時を表す副詞 next year, next spring は，直示表現であり，それぞれの文の発話時を起点とする未来時を表す表現である．したがって，上記例文 (4a, b) において，過去形動詞 graduated と

なお，Wada (1998) には，本文中で取り上げた例文 (4a, b) と同じような例文を取り上げて議論している箇所がある．下記例文（p. 171）参照．

(v) a. *Rieko said that she would leave when I arrived tomorrow.

b. *John expected that he would be there when I arrived tomorrow.

ただし，Wada (1998: 171f.) の議論は，久野・高見 (2013) の場合とは異なり，例文 (va, b) が非文法的であるとの判断のもとに，どうして非文法的文になるのかについての説明を試みるという内容になっているので，そこに示された類似したデータに対する文法性についての両者の判断が食い違っているということもあり，久野・高見 (2013: 125) による解説とは相容れない部分があるように思われる．なお，第 1 章の注 4 も参照．

Declerck (1999: 496ff.) は，上記例文 (va, b) および類似の文を文法的文であると判断する英語母語話者を多く見いだすことができるという趣旨の指摘をしている．たとえば，Hornstein (1990: 122) が例文 "John thought that Montreal played Boston tomorrow." を完全に文法的な文としてあげているのもそのような例となるであろう．しかしながら，過去形動詞と tomorrow が併置されているところは，確かに，奇妙な感じに受け止められるかもしれないので，そのことにより，このような文を受け入れないとする母語話者が中にはいるかもしれないということを Declerck (1999: 496) は付け加えている．

さらにまた Declerck (1999: 496) は，このように問題となりそうな過去形動詞と未来時を表す副詞表現の併置を含まない下記例文 (vi) をあげ，このような例文は，未来時を表す働きを持った過去形動詞を用いているにもかかわらず，母語話者の誰もが認める全く問題のない文となることを指摘している．

(vi) The last time I saw him he told us about what he planned to do. When he was fifty-five he would retire. He would then undergo some kind of surgical operation. When he was sixty, he would have his autobiography written by a journalist. But he would have the world believe that he had written it himself when he was in hospital.

（前回彼に会ったとき，これからの計画について私たちに語ってくれました．55歳になったら退職し，ちょっとした外科手術を受けるつもりです．60歳になったら，ジャーナリストに頼んで自叙伝を書いてもらうつもりです．でも，世間の人には，彼が入院中に自分で書き上げたものだと信じさせておくつもりです）

next year が並んで現れるのは，一見矛盾した言い方になっているように見える．しかし graduated は時制の一致による見かけ上の過去形に過ぎず，実質的には，未来時を表す働きを持った現在形動詞であると捉えることができる．したがって，実際には矛盾することにはならない．これとよく似た現象，ただし，時制の一致を含まない現象については，すでに第1章において，例文 (5)-(7) を通して観察したとおりである．

第 8 章

時制の一致と「心的惰性」

　時制の一致を説明する中で Jespersen (1931: 152) があげている下記例文 (1a) をもとにして，それに例文 (1b) に示すような（　）内の部分 which was を筆者が補って少し複雑にした例文を考えてみよう．

(1) a. I told her how I loved her ... how I was always working with a courage such as none but lovers knew ... how a crust well-earned was sweeter than a feast inherited.
　　　（私は彼女に次のようなことを告げた．すなわち，「私がいかに彼女のことを愛しているか」...「人を愛する者だけが発揮できるような勇気を持って，いかに私がいつも仕事をしているか」...「遊んでいても転がり込んでくるようなご馳走より，汗水垂らして手に入れたパン切れのほうがいかに甘味な味がするか」）
　　b. I told her [how I loved her] ... [how I was always working with a courage such as none but lovers knew] ... [how a crust (which was) well-earned was sweeter than a feast (which was) inherited].

　この文 (1b) は，次のような点でとくに興味深いと思われる．すなわち，この文の全体的構造としては，疑問詞 how で導かれた間接疑問文がいくつ

か横に並んでできる等位構造が，主節動詞 told (her) の補文となっている．さらに，それら間接疑問文の中には，(such as で導かれた一種の) 関係節や比較節を従属節として含む複文構造をなしているものがあることがわかる．したがって，この例文に見られる興味深い時制の現れ方の特徴としては，主節動詞 told の持つ過去時制が等位構造のそれぞれのメンバーをなす間接疑問文 (の中の動詞 loved / was ... working / was) にまず受け継がれているだけでなく，それぞれのメンバーの内部に生ずる従属節にもさらにコピーされていくような現象が生じているように見えるということを指摘することができる．このような現象は，Jespersen (1931: 152; 1933: 260f.) によれば，<u>話し手が，そこに現れたそれぞれの従属節の持つ時制を何にすべきかということにいちいち拘泥せずに，すなわち，論理的文法規則としての時制の一致に頼ることなく，主節の動詞の持つ時制 (この場合は過去時制) をそのまま継続して用いて話し続ける心理的作用の表れである</u>として，それを "mental inertia" (心的惰性) と呼んでいる．

なお，Jespersen 自身があげているもともとの文である上記例文 (1a) だと，厳密に言って「心的惰性」を裏付ける例文としては，今ひとつの感があるように思われる．というのも，等位構造の性質上，それぞれの等位項 (conjunct) の内部が文法上同じような格好になるのは，極めて自然なことであるので，同じ過去時制がそれぞれの等位項に (どこまでも) 引き継がれていくこと自体は，わざわざ「心的惰性」を持ち出すまでもないことのように思われるからである．したがって，要点が明確になるようにと，あえて元の例文に ( ) 内の部分を補って複雑にしたような例文 (1b) を用意した次第である．

Jespersen が用いている比喩的表現 "mental inertia" が，厳密に言って，時制の一致の現象のとくにどの部分に焦点を当てて用いられたのかの判断については，意見が分かれる可能性があるように思われる．少なくとも，筆者の場合は，最初，Jespersen (1931) が 152 ページにおいて，「上にあげた最後の文 (＝上記例文 (1a)) に示されるような，頻繁に見られる現象」として mental inertia のことを説明しているのをもとに，筆者が上で下線部を施した部分に見るような，筆者なりの解説を試みたのであった．すなわち，とく

第 8 章　時制の一致と「心的惰性」

に Jespersen が「複数の数の従属節の中に，一斉に主節動詞と同じ過去時制がコピーされていく現象」に対して，とくに下線部に焦点を当てる形で，比喩的表現としての "mental inertia" の用語を思いついたものと理解したのであった．したがって，「心的惰性」に関するこれまでの筆者の説明は，このような理解のもとになされているのである．

　しかし，一方では，Jespersen (1933) が 260-261 ページで行っている説明を改めて読み直してみると，今度はやや異なった印象を持つということに気がつくのである．すなわち，Jespersen (1933) の問題の箇所，とくに 261 ページにおいて，そのような心的惰性が働いていると思われる「典型的な例」として彼があげているのは，いずれも従属節一つからなる比較的単純な複文の例である．すなわち，思わぬ場面で知人の姿を見つけた人が，下記例文 (2) のような文を用いて驚きの気持ちを表現することがあるという事実や，下記例文 (3a-c) のような文の中に，心的惰性の作用が働いていることが典型的に見られるということを Jespersen は説明している．

(2)　Oh, Mr Summer, I didn't know you were here (you are here, but I didn't know).　　　　　　　　　(cf. 第 4 章第 1 節，注 1 の例文 (iia))

(3)　a.　I tried to forget who I was.
　　　　　（私は自分が誰なのか忘れようと努めた）
　　　b.　Who told thee, that thou wast naked?　　　　　　　　　(AV.)
　　　　　(= Who told you that you were naked? (Genesis 3: 11) ——筆者)
　　　　　（汝が裸であるということを汝に告げたのは誰なのか（欽定訳聖書））
　　　c.　What did you say was your friend's name?[1]

---

[1] Jespersen (1931: 153) では，時制の一致の見られる典型的な場合として，wh 疑問文の従属節の中の動詞が過去形になっている例文だけをいくつかまとめて提示している．おそらく，このような例文の場合に，時制の一致をさせない表現は不自然な文になるということを伝える意図があったのではないかと推測されるが，彼自身は，明示的な説明を加えているわけではない．
　一方，Declerck and Tanaka (1996: 294f.) の場合は，以下のようなデータを提示しながら，この場合，時制の一致が望ましいと考えられる理由についても説明している．
　(i)　a.　How did you know I was /?am a teacher?

(あなたのお友達のお名前，なんだとおしゃいましたっけ)

　上記例文は，いずれも，表面的には時制の一致に従ったかのような姿をしているが，実は，文法規則としての時制の一致を論理的に当てはめて作り出したものではなく，とっさに働く心理作用としての「心的惰性」によるものであると説くのが，Jespersen のここでの狙いではないかと思われる．

　ところで，上記例文 (2), (3) のような場合，Jespersen の立場からすると，もし，統語的規則としての時制の一致に当てはまるかどうかの論理的な判断をするとすれば，あるいは，少なくとも，文法規則を用いてこのような文（の時制にかかわる部分）を作り出しているのだとするならば，このような文を使う具体的場面を考えてみると，従属節の部分の発話内容は，発話時点においても依然として「真である」と判断されるはずであるから，むしろ，問題の動詞の時制は現在形を選ぶことになってもいいはずなのに，そうなっていないので，このような文の場合は，やはり，「心的惰性」による影響が見られると主張することになるのであろう．（従属節の部分の発話内容が，発話時点においても依然として「真である」と判断されるような場合にふつうよく用いられる「独立読み」の文については，第 3 章参照.）

　以上の説明からわかるように，心的惰性の現象の表れであると Jespersen が捉えている具体例には，単に，複数の数の従属節を従えたような複雑な構

---

　　b. Who told you where he was living / ?is living?
　　c. What did you say his name was / ?is?
　　d. Where did you say he was / ?is living?

すなわち，これらの例文では，疑問の対象になっている事柄がいずれも過去に属することとなっているので，焦点は，質問を発しているその発話時ではなく，むしろ過去の時点における，know, tell, say で表される発話行為そのものにあると解釈できるというような趣旨の説明となっている．つまり，「なんで知っていたのか」「なんて言ったのか」など過去の発話行為に焦点が置かれていることになる．いっぽう，従属節に現在時制を用いるということは，焦点がむしろ現在時にあることを示すこととなる．このように，主節と従属節で焦点の置かれる時制の中身に，過去・現在の食い違いが生ずることは，一般的に許容度の低い文を生み出すことにつながるというのが彼らの説明のあらましである．

　なお，Declerck and Tanaka (1996) は，後ほど本文中の第 13 章第 1 節において取り上げることになる例文 (5a, b) に見られる現象についても，同種の説明を与えている．

文の文ばかりでなく，上に示したような，比較的単純な構造の文の場合も含まれているのであるから，Jespersen は，時制の一致の見られる言語表現を全般的に「心的惰性」の心理的作用の表れとみなすことができる，というような指摘をしているものと受け取ることもできるであろう．

以上，「心的惰性」についての部分的に異なる二つの解釈について，Jespersen (1931) と Jespersen (1933) を読み比べて筆者自身が感じた印象をもとに説明してみたが，前半部で取り上げた<u>「複数の数の従属節の中に，一斉に主節動詞と同じ過去時制がコピーされていく現象」</u>として捉える筆者の見方は，正直言って，少々穿ち過ぎだったかもしれないとさえ思えてくる．

いくつかの従属節が主節とともに現れる場合（さらに一般化して言うと，いろいろな種類の従属節が数多く主節を取り巻く形で現れる場合），それぞれの従属節に用いられている動詞の時制を，統語的規則としての時制の一致に従った形にすべきか，それとも，とくに，文の発話内容としての事柄が，発話時点においても依然として成り立つような事柄が話題となっていると判断される場合には，時制の一致に従わない形の時制をむしろ選ぶべきか，といったような，いわば，選択すべき時制を何にするかといった「心の演算」を加えるのは，ある意味で心理的負担を感ずることになるのではないかと推測されるかもしれない．したがって，そのような心理的負担を軽減すべく，むしろ，主節動詞の持つ時制に「右倣え」式に同じ過去形をそのまま全ての従属節に当てはめるという「心的惰性」の心理的作用が働いているとみなすことになる．結果的には，一つ一つの節の間での時制選択に関する厳密なマッチングの作業を経ることなく，「全山桜一色」といった具合に，結果的に時制の一致に従ったかのように見えるものが出来上がることになると言っていいであろう．

千葉 (2013: 12) は Jespersen の言う「心的惰性」について，次のようにコメントしている．

> この現象は，たしかに，Jespersen の言うように，何か「惰性的」なものが働いているかのようにも受け取られるかもしれない．しかしながら，このような現象も，結果的にそのような「心的惰性」として映る

かもしれない，ある種の「厳密な」文法的規則の作用の表れと考えることも十分可能であろう．

「心的惰性」が当てはまると思われる場合として，筆者などが思い浮かべる典型的な例は，厳密な文法規則に違反するような，どこか不自然な言語表現を思わず知らず生み出してしまうような場面である．たとえば，日本語の場合として，次のようなものが考えられるであろう．すなわち，日本語の敬語法を使用する場面においては，「丁寧な表現や敬語を用いなければならない」というような心的作用が漠然と働いている可能性がある．その結果，そのような心理を統語的に反映させた，たとえば [+honorific] のような素性が，まず文全体に覆いかぶさるような形で導入され，それがさらに特定の名詞や動詞といった然るべき構成素と合体した結果，求められている敬語表現となって現れるものと推測される．ところが，心の緊張などの心的作用に影響されて，[+honorific] 素性の配分場所が本来あるべき箇所とは異なった位置に配分されてしまうことがまま起こりうる．そのようにして生まれた「敬語法の誤用」の例として，以下のようなものをあげることができるであろう．

(4) a. （盛岡市の市民ホールで催された講演会の冒頭の部分で，講演者が会場の人たちに呼びかけて）「盛岡市の人口はいくらでいらっしゃいますか．」
    b. 「陛下，手袋が落ちていらっしゃいます．」

ここで英語の場合に話をもどすこととして，上に述べたような「心的惰性」が働いていると思われるような場合においても，実際には，発話時点において，問題となっている節の内容（の真偽値）が依然として真であるとみなせるような部分については，まず，発話時点から見て適当と判断される時制としての現在形のほうを優先的に選択する，すなわち，「独立読み」が可能な場合は，それを優先させる，ということが多いと思われる．したがって，そのような部分までも無視した形の，文字どおり「全山桜一色」と言えるような時制の一致の現象が見られるわけではない，ということに注意しなければならない．

英文法の学習の場面において，時制の一致の規則を学習するときに，例外となる場合についても考慮するのが重要となるが，それは，上に指摘したような英語の言語使用の実際の姿に即した学習方法が望まれるからであると言えるだろう．

第 9 章

仮定法の伝播

　前の章で取り上げた「心的惰性」とよく似た現象が，とくに仮定法を用いた言語環境において広く見られることに千葉 (2001, 2013) は注目している．すなわち，仮定法過去の構文において，主節および従属節を修飾するさらに内部の従属節の動詞を，たとえ意味内容の上からは現在あるいは未来のことを表しているような場合でも，次の例文のように，これを過去形で表すことが多く見られる．[1]

(1)　a.　If we measured adult sentences with a ruler, we would find in most cases [that the length before the verb was short and the length after the verb was long].
（もし大人の用いる文の長さを物差しで測ってみるならば，おそらく，たいていの場合，動詞の前の部分は短く，動詞の後の部分は長いということがわかるでしょう）

b.　If Japanese students were supposed to study English [so that they developed competence in English], then such study should

---

[1] 例文 (1a, b) および (1c) は，それぞれ千葉 (2013: 7) および Marc D. Hauser, *Moral Minds: How Nature Designed Our Universal Sense of Right and Wrong*, New York: HarperCollins Publishers, 2006, p. 5（の地の文）より．

begin much earlier than it does.

（もし日本の学生が英語の能力をつけるために英語を勉強するのだとしたならば，そのような学習は，実際行われているよりもずっと早めに始めるべきである）

    c. If an authority figure told us [that it was always okay to cheat on our primary lovers [whenever we felt so inclined]], we would sense unease, a feeling that we were doing something wrong.

（もしそうしたくなったらいつでも，自分の最も大切な恋人を裏切って浮気をしたとしても，それはいつでも許されることなんだと，もし誰か権威ある人物が言ったとしたならば，私たちは，何か後ろめたいことをしているということをそこに感じとり，不安な気持ちになることでしょう）

すなわち，上記例文においては，下線部の動詞が過去形になっているとしても，意味内容の上からは，過去に起こった事柄を表しているわけではないということに注意しなければならない．

さらに，仮定法過去の構文に見られる時制の一致の現象は，次の例文に見るように，関係節や同格節の中にも及ぶのがふつうである．

(2) a. If I were / was rich, I would buy you anything [you wanted].

                                                                                (Quirk et al. (1985: 158))

（もしも私が金持ちだったなら，あなたの欲しいものならなんでも買ってあげるのに）

    b. A book [which went into considerable detail about the ages of samples of children] might (or might not) be fun to write, but it is not this book.   （千葉 (2013: 6)）

（見本としてあげられている子供達の年齢について詳細に論じたような本だったら，書くのが楽しい（あるいは，楽しくない）かも知れないが，これはそのような本ではない）

    c. In such a situation, the acceptance of their proposal would be tantamount to an admission [that you were really wrong].

(そのような状況において，彼らの提案を受け入れるとしたら，自分が実際間違っているということをあなたが認めるに等しいことになるでしょう)

ただし，Dancygier and Sweetser (2005: 69f.) も指摘しているように，仮定法に見られる時制の一致の規則の場合も，常に義務的に適用されるわけではない．たとえば，上記例文と類似の下記例文 (Dancygier and Sweetser (2005: 70) より) のような場合，関係節の中の動詞が現在形と過去形のいずれの場合も可能となる．

(3) a. If you helped me out, I'd give you tickets to a(ny) show that you want to see.
(もし君が手助けしてくれるなら，君の見たい芝居のチケットを（どの芝居のチケットでも）あげるとしよう)
b. If you helped me out, I'd give you tickets to a(ny) show that you wanted to see.

すなわち，動詞句 want to see の表す意味内容がどれだけ現実味を帯びたものとして捉えられているかの違いに応じて，両方の表現が可能となるということを Dancygier and Sweetser は「メンタルスペース理論」のアイデア (Fauconnier (1985), Cutrer (1994), Fauconnier and Sweetser (1996) 参照) に基づいて述べている．つまり，上記二つの文には，相手が見たい芝居があることをこの文の話し手が知っている（確信している）のか，それとも，ひょっとして，見たい芝居があるかもしれないと思っているだけなのかというニュアンスの違いが現れていることになる．文法的「法（ムード）」の観点から言えば，両者の違いは，それぞれ，直説法 (indicative mood) および仮定法 (subjunctive mood) が取り扱う言語表現の世界（あるいはメンタルスペース）の違いに属する事柄であると言えるであろう．

すなわち，上記例文 (3a, b) のうち，後者の場合は，仮定法のムードが関係節の中にも入り込んでいるのに対し，前者の場合には，仮定法のムードがそこまでは浸透していないことになる (cf. Dancygier and Sweetser (2005: 78))．

なお，この前者の用法は，第 3 章で取り上げた，時制の一致の対象にならない場合，すなわち，「現在でも真である」事柄を表す場合の一つに相当するとみなしてよいであろう．

以上のような例文に見られる時制の一致の現象を千葉 (2001, 2013) は，仮定法の力が仮定法動詞の現れる一つの節だけでなく，その動詞と統語的・意味的に密接な関係を持つ一つ下の従属節の中に広く伝播ないし浸透していく結果生ずるものと捉え，このような現象のことを「仮定法の伝播」と呼んでいる．「仮定法の伝播」の現象は，問題の従属節のさらに内部に存在する従属節（すなわち，さらに深くはめ込まれた従属節）の中にも及んでいくことが，次のような例文（千葉 (2013: 10)）からもわかるであろう．

(4) a. I wish snow was dry, [so that you didn't get all cold and wet [when you played in it]].
（雪の中で遊んでも，体中が冷たくなってびしょ濡れにならなくてすむように，雪というものが乾いたものであってくれたらなあ）

b. If they had had a more profound comprehension of language, they would have understood [that linguistic phenomena were complex events [which could be scrutinized from two equally valid points of view, [neither of which was adequate by itself]]].
（もし，彼らに言語に対してのもっと深い理解力があったならば，言語学的現象というものが，二つの同じように有効なものの見方で，しかも，そのどちらも，単独では妥当でないようなものの見方を通して吟味することのできる複雑な現象であるということを理解することになったであろう）

c. It would probably not make a great deal of difference tomorrow. But 10 years from now, the difference would be huge. That's because there would be [no one [whose job was to talk about the health of America] and [who had a mission and responsibility [to see that health was a major part of the national agenda]]].
（だからといって，今日明日のうちに大きな違いが現れるということは

ないであろう．でも，10年先には，その違いはかなりのものになるであろう．というのも，アメリカ国民の健康のことについて語り，また，健康というものが国全体で考えるべき議題の主要な部分をなすということに心を配ることが任務であり，またその人の責任でもあるような人は誰もいないことになるであろうから）

なお，下記例文においては，主節動詞 requested に認可された形で，その補文の中に仮定法現在動詞 wash が現れるとともに，その補文内の before 節の中にあげた三つの動詞のうち，過去形 were だけが許されるということがわかる．

(5) Meanwhile, at our local public swimming pool, the staff requested [that I *wash* off the sun cream that I had applied to my children's upper bodies [before they {were / *be / *are} allowed to enter the pool]].

（いっぽう，地域の公営プールでは，私が子供たちの上半身に塗ってやった日焼け止め用のクリームを，プールに入る許可が下りる前に洗い落とすことを係員から求められた）

この例文においても，仮定法の伝播の現象が働いているとみなすことができるであろう．ただし，このような伝播の現象によって選ばれる動詞は，仮定法動詞と言うより，むしろ直説法の過去形動詞であることに注意したい．すなわち，後ほど説明するように，一つ上の節に，仮定法認可要素としての動詞・形容詞・名詞（あるいは，現代英語では稀ではあるが，if, unless, whether などの従属接続詞）のいずれかが用いられていない限り，仮定法現在動詞（この場合は be）が選ばれることはない．（ただし，後ほど，この章の最後にあげる例文 (18) の中では，仮定法現在動詞 be が文法的であるとの判断が示されていることに注意．この種の文の文法性の判断には個人差が見られるようである．）

下にあげる例文（千葉 (2013: 27)）では，仮定法現在の認可要素が二箇所に用いられていて，それぞれの認可要素が，一つ下の節の仮定法現在動詞を認

可する形になるので，文全体としては，仮定法現在動詞が二箇所にわたり出現可能となっているが，一つの特定の認可要素（たとえば，(6a, b) においては，それぞれ require および ask）の力が伝播反応を起こして下へ下へと伝わっていくわけではない．

(6) a. We do not require of theoretical work on intuitions [that it guarantee [that the grammar of any one individual be explicit or even consistent]].
（人間一人ひとりの文法が明示的であることや，あるいは，矛盾する点がないということについてすら，それらのことを言語直観についての理論的研究が保証できなければならないなどとは私たちは考えません）
b. That is why Dr. Brodie asks [that parents not insist, against their dentist's advice, [that their child have orthodontic work done too early]].　　　　　　　　　　　　　　　　　(=3.2 節 (20))

Abusch (1988: 2; 1994: 105; 1997: 18) および Ogihara (1989: 186; 1995b: 676ff.; 1996: 91)，荻原 (2016: 143) があげている下記例文 (7a)[2]

---

[2] 例文 (7a) は，時制の一致の規則を取り入れない Enç (1987) の分析ではうまく説明できないと思われる例の一つとして Ogihara (1995b: 676ff.; 1996: 91) が取り上げている例である．これは，もともと Kamp and Rohrer (1984) によるフランス語の例文に基づいて Abusch (1988) が考えた例文である．もともとのフランス語の例文は以下のようなものである (Abusch (1997: 18, fn. 12) より)．
(i) Hier il décida enfin ce qu'il allait faire. Dans trois jours il dirait a ses parents qu'il allait quitté la maison. 'Yesterday he decided finally what he was going to do. In three days he would say to his parents that he was going to leave home.'
（昨日，彼は何をすべきか，ついに決心するに至った．家を出るつもりだということを三日後には両親に伝えよう）
（このような例文を説明するために Enç (1987) が示している分析の持つ問題点については，Ogihara (1995b: 677f.; 1996: 85ff.) 参照．）
なお，例文 (7a) と並べて，次のような例も同じように，未来のある時点を表すのに過去形動詞が用いられている例であるとして Declerck (1999: 497) があげている．
(ii) a. Just now the U.S. announced that they would veto any decision about Iraq that was taken by the Security Council.
（国連安全保障理事会で取り上げられる，イラクに関するいかなる決定に対し

に見られる見かけ上の過去形動詞 were の用法も，「仮定法の伝播」の例とみなすことができるであろう．(過去形動詞 were を用いないで，仮定法の伝播に逆らったかのような形となる現在形 are を用いた文は，かなり文法性の劣る文となることを示すために (7b) を追加してある．また，(7a) において，法助動詞 would の代わりに，仮定法の伝播の引き金とはならない must を用

ても拒否権を発動すると，たった今アメリカが発表したばかりである)
b. Yesterday John promised that he would come over from South Africa next week if his presence here was really required (then).
(昨日ジョンは，もし自分がここにいることが（そのときに）切に求められているのであれば，来週，南アフリカから参りますと約束した)

これらの例も，(7a) と同じように，仮定法過去の環境において，実際には現在または未来の事柄を表す内容の動詞が，過去形動詞の形で用いられていることを表す例であり，筆者の言う「仮定法の伝播」の現象が見られる例とみなすことができるであろう．

なお，大変興味あることながら，Abusch (1997: 18, fn. 13) は次のようなことを述べている．すなわち，例文 (7a) に見られる were having は仮定法の動詞の可能性があるということを，David Beaver が指摘しているということを Abusch は述べている．ただし，もしこれが仮定法動詞ならば，主語の they を単数の he に変えた場合，下記例文 (iii) のような文が文法的文とならなければならないはずであるが，実際にはそうはならないので，問題のwere having は仮定法動詞ではないとして，David Beaver の見解を退けている．

(iii) *John decided a week ago that in ten days he would say to his mother that he were seeing her for the last time.

確かに，現代英語においては，仮定法動詞そのものが伝播されたような例文 (iii) は不自然な文となるようであるが，ただし，この例文が非文法的文となるからといって，例文 (7a) において，仮定法の伝播の現象の表れとして，時制の一致により過去形動詞 were having が用いられているとする見方そのものが否定されるわけではない．すなわち，例文 (7a) に見るような時制の一致には，仮定法の力が深くかかわっているのではないかと見る「仮定法の伝播」のアイデア自身は依然として有効であると考えられる．なぜならば，仮定法の用法の一つと考えることができるような場合でも，上記例文 (iii) に見るように，単数主語を受ける仮定法過去動詞 was / were のうちの，was の方だけが許されるというような場合が，ほかにも存在することが知られているからである．たとえば，Khomitsevich (2007: 86f.) が指摘するように，James (1986: 108) があげている下記例文 (iva-c) に見るような英語の事実もそのような例の一つと考えられる．

(iv) a. He's behaving like he was / *were sick.
b. He's behaving as if he was / were sick.
c. It's time he was / *were leaving.

このように，現代英語においては，過去形動詞が仮定法として用いられているのか否かの判別が，少なくとも表面上からはしにくくなってきているという事情があるが，筆者と同じ

いた場合は，逆に，過去形動詞 were を用いると文法性のかなり劣った文となることを (7c) は示している．さらに，(7c) において，現在形動詞 are を用いた場合は，自然な文となるということもわかるであろう．これら (7b, c) の例文は，インフォーマントの反応をもとに，筆者が補ったものである．また，(7d) は，Declerck (1999: 498) があげているものを参考のためここに引用したものである．)

(7) a. John decided a week ago that in ten days at breakfast he would say to his mother that they <u>were</u> having their last meal together.
（10 日後には，朝食の席で母に次のように言おうと今から一週間前にジョンは心に決めていた．「これが母さんと一緒にする最後の食事になりますね」と）

b. ??John decided a week ago that in ten days at breakfast he would say to his mother that they <u>are</u> having their last meal together.

c. John decided a week ago that in ten days at breakfast he <u>must</u> say to his mother that they <u>are</u>/??<u>were</u> having their last meal together.

d. *John decided a week ago that in ten days at breakfast he would say to his mother that they <u>will be</u> having their last meal together.

ように Khomitsevich (2007: 86ff.) も，例文 (7a) に見るような were を仮定法の用法を示す過去形であるとみなしている．Khomitsevich (2007: 95) によると，下記例文 (va-c) に見られる下線部の動詞もまた，同じ用法の過去形動詞であることになる（第 5 章注 5 の例文 (ia, b) 参照）．

(v) a. We decided to tell the prosecutor tomorrow that we <u>were</u> talking to him reluctantly. (=第 1 章 (4d))
b. John promised to say that he <u>did not know</u> anything about the crime.
(Ogihara (1989: 96); cf. 第 5 章注 5, (iia, b))
c. Sue expected to marry a man who <u>loved</u> her. (Abusch (1997: 17))

なお，仮定法過去の構文に見られる時制の一致の現象を，「仮定法の力」そのものが伝播されるとみなすことができるか，それとも，上記例文 (iii) が示唆するように，動詞の持つ「過去時制」が伝播されると考えるべきであろうかの問題については，本文において後ほど取り上げることになる．

上記例文 (7a) の持つやや複雑な時制上の意味解釈を説明するために，Ogihara (1996: 121) は，その文の持つ統語構造および（意味解釈に必要となる）論理形式 (LF) の部分的表示として，次に示すようなものを提示している．

(8) a. John *Past* decide a week ago that [in ten days at breakfast he *Past woll* say to his mother that [they *Past* be having their last meal together]]

  b. John *Past* decide a week ago that [in ten days at breakfast he ∅ *woll* say to his mother that [they ∅ *be* having their last meal together]]

ここで用いられている woll は，未来を表す法助動詞 will および would の時制の欠けた形式 (tenseless form) を表している．したがって，上に示されているように，would は形態的に PAST+woll のように分析されることになる．

Ogihara によると，上記例文 (7a) の S-構造 (S-Structure) に相当するのが (8a) であり，それに，第5章で取り上げた，Ogihara 自身の提案になる時制の一致の規則 (2)（厳密には，その後さらに精密化されたその改訂版としての規則 (Ogihara (1996: Ch. 4) 参照)）が適用されると，上記 (8b) のような LF が得られることになる．このようにして，(8a) に現れている三つの過去時制要素 (PAST) のうち，問題となる二番目と三番目の「見かけ上の」PAST が消去される結果，期待されるような，時制関係の意味解釈が引き出されることになる．[3] なお，これまでの説明からもわかるように，時制の一致の規則は，

---

[3] Schlenker (2004: 557) は，例文 (7a) の説明として，Ogihara (1996) の言うように，見かけ上の過去形である were を消去するアイデアのほかに，（古典的解釈による）「時制の一致」の規則の繰り返し適用により，過去形動詞 decided から would を経てさらに were へと形態的過去時制が継承されるという説明も成り立つと述べている．後者の説明は，筆者の言う「仮定法の伝播」のアイデアに近いと思われるが，ただし，とくに仮定法動詞が大きくかかわっていると主張する「仮定法の伝播」のアイデアとは異なる点があると言えるであろう．

主節を出発点として，上の節から一つ下の節へと繰り返し適用可能だとみなすことになる (Abusch (1997: 20), Schlenker (2004: 557), Higginbotham (2009: 105f.) 参照).

上記例文 (7a) と同種の例文としては，下記例文 (9) をあげることができるであろう．これは，Ogihara (1989: 157; 1996: 91) によると，C. L. Baker との個人的談話の中で彼が入手したものである．[4]

(9) I told Bill that you would say that you only <u>had</u> three magic tricks to do, but it looks as if you have brought enough equipment to do six or seven.
(自分には手品の出し物が三つしかないと君は言うかもしれないが，六つも七つも見せるだけの十分な道具がそろっているみたいに思えるんだけど，と私はビルに言った)

ここで，上で解説した「仮定法の伝播」および「心的惰性」の二つの概念の関連性について議論を進めてみることとしよう．Jespersen (1931) 自身が，彼の言う「心的惰性」によって，上で説明したような仮定法に見られる「伝播」の現象まで含めて捉えようとしていたのか，いまひとつ判然としないところがあるので，以下その点に話題を絞って考えてみたい．

---

[4] Baker 自身が Baker (1995: 546) の中で取り扱っている下記例文 (ia) の存在を Stechow (1995: 384, note 2) が指摘している．Stechow の知る限りでは，Baker によるこの例文が，この種の例文の中で最初に指摘されたものであるということになる．なお，(ia) と並べて，それに対応する直接話法による文を Baker があげているので，それもここに (ib) として引用しておこう (下線は原文のまま).

  (i) a. Phyllis <u>wanted</u> to tell Arthur that [John <u>didn't</u> think that he <u>would</u> ever find out whether anyone <u>knew</u> when his baggage <u>would</u> arrive].
(ジョンは，彼のバッグがいつ到着するか誰か知っている人がいないかわかることはけっしてないだろうと思っているということをフィリスはアーサーに伝えたいと思った)
     b. Phyllis <u>wanted</u> to tell Arthur, "John <u>doesn't</u> think that he <u>will</u> ever find out whether anyone <u>knows</u> when his baggage <u>will</u> arrive."

上記例文 (ia) において，wanted と didn't think との間に不定詞 to tell が介在する形になっているにもかかわらず，時制の一致の現象が見られるということについては，第5章注5の解説参照．

まず，仮定法の場合にも時制の一致が起こることを示す例として彼があげている下記例文 (10) (Jespersen (1931: 157) より) を見てみると，いずれも筆者の言う厳密な意味での「心的惰性」の例にはなっていないことがわかる．

(10) a. Why did you look at me like that—as if you thought [it was useless to go on writing to him]?
(なんでそんなふうに私のことをじろじろ見たの．まるで，私が彼に手紙を書き続けても無駄だなんて思ってるみたいに)
b. If we went, people would think [we were mad].　(=3.1 節 (14b))
c. If I had only known [we were to have had the pleasure of meeting you].
(あなたにお目にかかれることになるということをあのとき知ってさえいたらなあ)

すなわち，これらの例は，[ ] で示した従属節とその主節との間に時制の一致の現象が見られる標準的例であると言える．したがって，これらの例を見る限りでは，筆者の言う「仮定法の伝播」の現象について，すでに Jespersen が取り上げていたことになるのかどうか判然としないところがある．

ところで，上で例文 (10) を説明する中で，下線部で示したように，「厳密な意味での」と断ったのは，Jespersen の言う mental inertia の解釈を，第 8 章で説明したように，筆者自身の解釈とは異なり，主節およびその補文の中のそれぞれの時制要素同士の間に見られる，いわば単純なケースをも含めた時制の一致の現象全般を心理学的に説明したものとして捉える可能性もあるからである．

たとえば，Ota (1963: 117) は，そのような解釈のもとで，「心的惰性」のアイデア (つまり，「心的惰性」のために時制の一致が誘発されるとするアイデア) は，次のような事実と矛盾すると述べている．すなわち，書き言葉の場合より話し言葉の場合のほうが時制の一致に合致しないケースがより多く見られるという事実と矛盾するように思われると述べている．というのも，そもそも心的惰性の現象というものは，書き言葉の場合より話し言葉の場合に，より顕著にその作用が観察されていいはずのものであるからである．

Ota (1963: 117) は，彼自身のアイデアとして，「大多数の場合，時制の一致の文法的規則は守られているが，この規則とは反対の方向に作用する意味的圧力が働く場合があり，とくに，話し言葉の場面のように，文法を意識せずに気の向くままに話すような時には，文法規則の規範に縛られることなく，むしろ，この意味的圧力に従ったような言語表現を用いることになる」のような趣旨のことを述べている．Ota の言う「意味的圧力」が働く場合というのは，第3章第1節において解説したような「独立読み」が可能となる場合というのにほぼ等しいと考えられる．

ここで，話題を時制の一致の現象が見られる仮定法の文の場合に戻して話を進めることにしよう．上で例文 (10) を提示するときに述べたように，Jespersen のあげているそれらの例を見る限りでは，筆者の言う「仮定法の伝播」の現象について，すでに Jespersen が取り上げていたことになるのかどうか判然としないところがあると言えるようである．すなわち，Jespersen (1931) の中には，仮定法の場合にも「心的惰性」の現象が見られるかどうかについての明確な記述は見当たらないのではないかと筆者は最初感じたのであった．

しかしながら，Jespersen (1931: 116f.) における次のような記述を見ると，「仮定法の伝播」の現象と同じもののことを言っているのではないかとも思えてくるのである．すなわち，Jespersen はまず，条件文の中の条件節の部分に相当する働きが，下記例文に示すように，関係節においても見られるということを解説する（すでに上で取り上げた例文 (2b) も同種の文としてここに加えることができるであろう）．

(11) a. A nation which stopped working would be dead in a fortnight.
   （働くことをやめてしまうような民族は，2週間で絶滅することだろう）
   b. One would like to marry a man who was capable of doing this, but not quite one who had done so.
   （それをやるだけの能力のある男とは結婚したいと思うかもしれないが，実際にそれを実行するような男とは必ずしも結婚したいとは思わないだろう）

さらに，過去形動詞が関係節やそれ以外の従属節全般に連続して現れるような例がしばしば見られるとして，下記例文 (12a, b)（同書 p. 117）を含む豊富な例文をあげるとともに，次のような説明を加えているのがとても印象深いと思われる。すなわち，想像上の事柄を表す過去形（つまり，仮定法過去）が従属節の中にも引き継がれ，文脈全体が仮定法で覆われることがしばしば起こるというようなことを述べている。[5]

---

[5] 本文にあげた例文 (10)-(12) 以外の例で，Jespersen があげている関連する例文をさらにいくつか下に引用しておこう。まず，仮定法の条件を表す部分が，関係節の形をとることがしばしば見られるとして Jespersen があげている例の中には，次のようなものがある (pp. 116f.)。

(i) a. Fancy your wife attached to a mother who dropped her h's, or called Maria Marire. (Thack P 89)
   (h を落っことす発音をしたり，マリアのことをマリールのように呼ぶような母親のことを，もしあなたの奥さんが慕っていたとしたらどうでしょう)

  b. a man in England, who gained his whole livelihood as a conjurer, would soon be starved to death, if he could perform no better miracles. (Kinglake E 103)
   (英国に住む人で，生計の糧をすべて手品師として得ているような人は，もっとましな奇跡を引き起こすことができないのであれば，きっとすぐに飢え死にしてしまうことでしょう)

  c. Anything I did would only react on me. (Beresford Pris. Hartl. 125)
   (私のすることはなんでも，自分にそのまま跳ね返ってくることになるだろう)

  d. Every caress I gave you would be sin. (Locke D 223)
   (私があなたを抱擁するとすれば，いかなる場合もそれは罪とみなされることになるだろう)

  e. At the older and richer public schools learning is naturally despised, and a boy who worked hard to excel in it would lose caste almost as much as if he stole. (Nevinson The English 24)
   (もっと歴史ある，金持ちのパブリック・スクールでは，当然のことながら，学習するということを軽蔑していたので，勉強に秀でようと頑張る少年がいたら，社会的地位を盗んで手に入れたが如くに思われ，きっとそれを失うことになるであろう)

次に，仮定法過去が従属節の中に引き継がれていき，文全体が想像上の事柄を表す仮定法の用法となっているような例として Jespersen があげているものには，以下のようなものがある (p. 117)。

(ii) a. I wold thou and I knew where a commodity of good names were to be bought. (Sh H4A I. 2.94)
   (おれは心から願ってるんだ。お前とおれが他人様からうんとほめられるよう

第 9 章　仮定法の伝播　　　　　　　　　　　　　　　101

(12)　a.　It would be no pleasure to a London tradesman to sell anything which was what he pretended it was.
　　　　　（ロンドンの貿易商にとって，どんな品物であれ，紛い品を売りつけるというのは決して気持ちのいいものではないであろう）

　　　b.　If I went into England against the will of God to conquer England ... the devil would enter into me; and when I was old I should shudder to remember the wickednesses I did.
　　　　　（もし英国を征服するために，神の意志に反して私が英国入りをすると

なところがどこかにないかなあってな）
　　　　　　　　　　　　（小田島雄志訳『シェイクスピア大全』CD-ROM 版，新潮社，2003）
　　　b.　'tis impossible she should ever have done any thing that were unhandsome
　　　　　　　　　　　　　　　　　　　　　　　　　　　　　　　　　(Osborne 17)
　　　　　（彼女にとって，何事によらず，たしなみがないと思えるようなことを手がけるというようなことはとてもありえないことだ）
　　　c.　many times [hee] wishes mee a husband that loved mee as well as hee do's
　　　　　　　　　　　　　　　　　　　　　　　　　　　　　　　　　(Osborne 47)
　　　　　（あらん限り私のことを愛してくれるような夫をどうか私が授かりますようにと，［彼は］何度もお祈りしてくれています）
　　　d.　The way to wean him from any opinion would be to place somebody near him who was perpetually dinning it in his ears.　　(Hazlitt Works 4.338)
　　　　　（どんな意見にも彼が耳を貸さないようにしたかったら，同じ意見を何度も繰り返しがなりたてるような人を誰か彼のそばに置いてみるといいでしょう）
　　　e.　It would not have been easy to find a house in London in which there reigned so delightful a spirit of harmony.　　(Gissing H 166)
　　　　　（家族のものがとても仲のいい，愉快な雰囲気に包まれたような家庭を，どこかロンドンに見つけるのは容易なことではなかったでありましょう）
　　　f.　I wish that I had some work. Something—that was my own.　　(Wells H 20)
　　　　　（何か仕事にありつけたらなあ．何か，自分のものと言えるような仕事が）
　　　g.　Why not come abroad with me ... I couldn't. Not while my mother was alive.
　　　　　　　　　　　　　　　　　　　　　　　　　　　　　　　　　(Mackenzie C 215)
　　　　　（私と一緒に海外にいらっしゃいませんか... 無理ですね．少なくとも母が生きている間は）
　　　h.　She might have waited till I was dead [I am not dead; she might have waited till after my death].　　(Di P 83)
　　　　　（彼女は私が死ぬまで待ち続けたかもしれません［私はまだ死んでいない．彼女は私の死後まで待っていたかもしれない］）

したら，悪魔が私に乗り移ることであろう．また，年老いてから，自ら
が犯した数々の悪行を思い起こして，きっと身震いすることであろう）

　したがって，もし，このような現象も，時制の一致の場合に見られる「心
的惰性」の一つとして捉えることができるのであれば，Jespersen の言う「心
的惰性」，千葉 (2001, 2013) の言う「仮定法の伝播」，さらには Ukaji
(2010)[6] の言う "sequence of moods"（ムードの一致）は，つまるところ同じ
ような現象を捉えようとしていることになると言えるであろう．

　仮定法過去の構文に見られる時制の一致の現象を，「仮定法の力」そのもの
が伝播されるとみなすことができるか，それとも，動詞の持つ「過去時制」
が伝播されると考えるべきであろうかの問題については，千葉 (2013:
12ff.) 参照．この点に関し，Jespersen (1931: 157) 自身は次のように述べ
ている．

> これらの例文のほとんどのものについては，転位された時制が直説法
> の用法となっているのか，それとも仮定法の用法となっているのかを
> 明らかにすることはできない．中には，直説法の was が用いられて
> いるものがあるが，また一方では，仮定法の were が用いられている
> （こちらの用法は，明らかに文語的色彩を帯びていると言える）ような
> 例を目にすることもしばしばある．

　上記引用箇所の中で述べている，直説法動詞ではなく仮定法動詞（were）
が用いられていることが明らかな例として，Jespersen は以下のような例を
あげている (p. 158)．

(13)　a.　Would you not sweare All you that see her, that she <u>were</u> a
　　　　　maide ... But she is none.　　　　　　　　(Sh Ado IV. 1.40)
　　　　（だからだれでもいま，こうしてこの女をごらんになれば，外見だけ見

---

　[6] これは，2011 年 10 月 22 日に故人となられた宇賀治正朋先生から生前いただいたハン
ドアウトで，2010 年 9 月 11 日に開かれた名古屋大学英語学研究室主催の研究会において
配布されたものであるとのことである．

て生娘と思い込むでしょう．とんでもない話だ）（小田島雄志訳，『シェイクスピア大全』CD-ROM 版，新潮社，2003）

b. If I thought there were anything between Molly and Mr. Lever, do you suppose I'd have him in the house?　　　　　(Galsw P 2.46)
（もし，モリーとレバー氏との間に何かあるんじゃないかと私が思ったとしたならば，私が彼を家に迎えるなんて考えるとでもあなたはお思いですか）

ただし，これらは「時制の一致の仮定法版」とでも言えるような用法の一つであり，厳密な意味での「仮定法の伝播」（あるいは，筆者の言う「厳密な意味での心的惰性」）に該当する例ではないと言えるかもしれない．

初期近代英語を含む古い時代の英語の該当例（すなわち，仮定法動詞が「伝播される」例）のうち，初期近代英語期のものとしては，Ukaji (2010) の中の例文をいくつか選んで，それに日本語訳を付したものを千葉 (2013: 207, fn. 47) があげているので，まず，それを例文 (14a-e) として下に再録しておこう．なお，例文 (14f) は千葉 (2013: 202) からの引用である．

(14) a. If it were done when 'tis done, then 'twere well
　　　　[It were done quickly].
　　　　'If the act of murdering [i.e. Duncan] is finished when it is executed, then it would be well that it were executed quickly.'
　　　　　　　　　　　　　　　　　　(1606 Sh *Macbeth* 1.7.1-2)
　　　　（やってしまえばすべてやってしまったことになるなら，早くやってしまうにかぎる）

b. But were I Brutus
　　　And Brutus Antony, there were an Antony
　　　[Would ruffle up your spirits, and put a tongue
　　　In every wound of Caesar, [that should move
　　　The stones of Rome to rise and mutiny]].
　　　　　　　　　　　　　　　　　(1599 Sh *Julius Caesar* 3.2.226-230)
　　　（私がブルータスで，ブルータスがアントニーであれば，そのアント

ニーは諸君の胸に怒りの火を点じ，シーザーの傷口の一つ一つに舌を与えて語せ，ローマの石という石も暴動に立ちあがることだろう）

c. he seyth to me it <u>wer</u> bettyr [he <u>wer</u> neuyr born].
   (a1438 *Margery Kempe* 155.21-22)

（主は [...] 修道士が生まれてこなければよかったとも仰せられます）

d. I <u>would</u> [I <u>could</u> forget, [I <u>were</u> a creature]].
   (1606 Jonson *Volpone* 4.5.102v)

（ああ，人間であることをやめてしまいたい！）

e. If they would yield us but the superfluity while it <u>were</u> wholesome, we <u>might</u> guess [they <u>reliev'd</u> us humanely]; but they think we are too dear. (1607-8 Sh *Coriolanus* 1.1.17-19p)

（せめてその食い残しを腐らないうちにおれたちにまわしてくれりゃあ，おれたちだって助けてくれてなさけ深いかたたちだと思うだろう。ところがあの連中にとっておれたちはもっと大事なんだ，...）

f. Now both the chief priests and the Pharisees had given a commandment, that, if any man <u>knew</u> [where he <u>were</u>], he should shew it, that they might take him. (KJV, John 11: 57)

（祭司長たちとファリサイ派の人々は，イエスの居どころが分かれば届け出よと，命令を出していた。イエスを逮捕するためである）

　さらに，古英語期および中英語期のものについては，Ukaji (2010: 2f.) がそのハンドアウトの中にあげている例文の中の，とくに以下に例文 (15a-d) として引用するものが貴重なデータと言えるであろう。

第 9 章　仮定法の伝播　　　　　　　　　　　　　　105

(15)　a.　Ne sy   nan man on þysum folce   [þe
         not be-PRES.SUBJ no man in this assembly that
         gedyrstlæce   [þæt he oðerne tæle]],
         dare-PRES.SUBJ   that he others slander-PRES.SUBJ
         forðan þurh   ðæs tælendan   muð   deofol sprycð.
         because through the slanderer's mouth devil speaks.
         Ælc man sceawige   hine sylfne ær   he
         each man examine-PRES.SUBJ him self   before he
         oþerne tæle   þe   læs ðe   his agene
         others slander-PRES.SUBJ the-INSTR less that his own
         scylda hine innan slytan   and his sawle gewemme.
         sins   him within slit-INF and his soul spoil-PRES.SUBJ
                          ....

         Man sceal eac syllan þam seocan menn   husel þa
         man shall also give the sick man-SG.DAT housel the
         hwile þe he hit þicgan mæg ær   ðam þe   he
         while that he it taste can before that that he
         sawlige; ...   Đa fordonan synfullan,   þe   deofle
         expire-PRES.SUBJ ... the corrupt sinful people that devil
         gehyrsumedon on eallum synnum and forsawon heora
         obeyed   in all   sins   and despised their
         Drihten and swa geendedon, þa   sceolon   to helle swa
         Lord   and so ended   they shall-PRES.PL to hell as
         hraðe swa hi   gewitað   and þær wunian æfre.
         soon as   they pass away and there remain ever

         'Let there be no man in this assembly who dares to slander
         others, because the devil speaks through the mouth of a slander-
         er. Let each man examine himself before he slanders others lest
         his own sins should slit him within and damage his soul.
                          ....

Man should also give the sick man housel while he can taste it before he expires. ... The corrupt sinful people, who obeyed devil in all sins and despised their Lord and so ended, they shall [go] to hell as soon as they pass away and remain there ever.'

(c 900 Rogationtide Homilies Hom 6:25-28; 70...81)

b. On alre   earst hwen ye   schulen to ower parlurs
   in all-PL.GEN first when you shall   to your parlour's
   þurl,   witeð   ed   ower meiden hwa hit
   window know-IMP.PL from your maiden who it
   beo   [þet beo   icumen].
   be-PRES.SUBJ that be-PRES.SUBJ come
   'First of all when you have to [go] to the window of your parlour, find out from your maid who it is that has come.'

(c1230 Ancrene Wisse 2.15b.18-20)

c. for i þulli þoht   ne beo   hit neauer se
   for in such thought not be-PRES.SUBJ it   never so
   bitter pine [þet tu   þolie   for þe luue of him],
   bitter pain that thou suffer-PRES.SUBJ for the love of him
   þe droh   mare for þe, schal þunche þe   swote.
   that suffered more for thee shall it-seem thee sweet
   'for in such a thought, though it were never so bitter a pain that you suffer for the love of Him who suffered more for you, it will surely seem sweet to you.'

(c1230 Ancrene Wisse 3.37a.16-18)

d. Nu þenne yef eani   mot nedlunge habben hit,
   Now then if anyone must needs   have   it
   loki   [[þet hit namon ne eili   ne
   see-to-it-PRES.SUBJ   that it no one not ail-PRES.SUBJ not
   ne hearmi],   [ne þet hire þoht   ne beo
   not harm-PRES.SUBJ not that her thought not be-PRES.SUB

nawiht þron ifestnet]].
not-at-all thereon fastened
'Now then if any one must needs keep one, let her see to it that it does not ail anyone nor do any harm, and that her thought is not fastened on it.'

(c1230 *Ancrene Wisse* 8.113a.5-7)

ハンドアウトの中では，仮定法現在形動詞以外の語句にも下線が施されていたが，ここでは，仮定法現在形動詞以外の下線は省いた形で引用してある．さらに，下線のない仮定法現在動詞も部分的に見られたので，それにも下線を施してある．なお，例文 (15) に見るように，仮定法現在動詞の現れる従属節のうち，一部のものだけに [ ] の記号を用いた構造表示がなされているのは，元のままである．

ここで，筆者自身を含め，古英語および中英語の文献に親しみの薄い読者には，上記例文の全体的構造が把握しにくいと思われるかもしれないので，上記の Ukaji による現代英語訳の部分を下記例文 (16) として再録して，文全体の持つ構造が視覚的に捉えやすくなるよう，問題の従属節の部分を [ ] の記号を用いて表記してみよう．また，原文において見出される仮定法現在動詞の部分には，下線を施すことにしよう．

(16) a. Let there be no man in this assembly [who dares [to slander others]], because the devil speaks through the mouth of a slander. Let each man examine himself [before he slanders others lest his own sins should slit him within and damage his soul]]. .... Man should also give the sick man housel while he can taste it [before he expires ...].

b. First of all when you have to go to the window of your parlour, find out from your maid [who it is [that has come]].

c. for in such a thought, [though it were never so bitter a pain [that you suffer for the love of Him who suffered more for you]], it will surely seem sweet to you.

d. Now then if any one must needs keep one, let her <u>see to it</u> [that it does not <u>ail</u> anyone nor <u>do any harm</u>], and [that her thought is not fastened on it].

　上記例文 (16a) において，不定詞 to slander others によって表されている部分は，原文では，仮定法現在動詞 gedyrstlæce 'dare' の補文をなす that 節の形をとっていることがわかる．すなわち，この動詞 gedyrstlæce 自体が，その補語として仮定法節（仮定法現在動詞を持つ that 節のこと）を取ることができるということを表す．さらに，that 以外の接続詞として，before（に相当する接続詞的表現）によって導かれた従属節の中にも仮定法現在が用いられていることがわかるであろう．これは，仮定法節ないし仮定法動詞を認可する働きを持った動詞・形容詞・名詞（その具体例については第 14 章にあげる例文 (11a-c) および (12a-c) 参照）以外にも，とくに古い時代の英語においては，before をはじめとするかなりの数の従属接続詞自身が仮定法節を認可する力を持っていたからであると考えられる（このことを含め，仮定法節について詳しくは千葉 (2013) 参照）．

　同じ例文 (16a) に見られるもうひとつ別の特徴として，Let there <u>be</u> no man ... および Let each man <u>examine</u> himself ... の下線部の動詞が，原文では，いずれも仮定法現在となっているということを指摘することができる．同じ用法が，例文 (16d) の let her <u>see to</u> it の部分に相当する原文にも見られる．すなわち，これらの例は主節動詞として仮定法現在動詞が用いられていることを表している．このような用法の典型的場合は，"The Lord <u>be</u> praised."（主をほめたたえよ）/ "God <u>save</u> the Queen."（女王万歳）/ "<u>Be</u> it noted that ...."（注意すべきは ...）のように，祈願・願望・依頼・勧誘・命令・譲歩などを表す表現であると言える．このように，主節が仮定法節になっているように見える用法も，後ほど第 10 章において取り上げる「遂行的分析」のアイデアを用いて，文の構造上最上位に位置する「隠れた主節」として，"I pray / wish / order ..." のような発話行為を表す部分を補うことにより，主節に現れる特定の語彙項目（pray, wish, order）が，その補文の一つとして仮定法節を認可するという一般的構図で捉えることができるようになるであ

ろう（千葉 (2013: 125ff.) 参照）．

なお，古英語における仮定法の特徴について，詳しくは久保内 (1971)，小野・中尾 (1980: 392ff.)，Maeda (2000) 参照．その後の時代と比べ，古英語期における仮定法がいかに優勢であったかは，久保内 (1971: 243f.) による以下のような記述からも窺い知ることができるであろう．

> 現代英語の仮定法が am, are, is に対する be, was に対する were, has に対する have, does に対する do, それに無語尾の三人称単数現在形以外には直説法 (Indicative) との語形上の区別を持たず，その用法も或る特定のコンテクスト——文法的にも，文体的にも——に局限されているのに対し，古英語のそれは多くの場合，後に述べるように，直説法と明瞭に区別される語形をもち，しかもかなり広い使用範囲を有するものであった．事実或る環境では仮定法の方が優勢で，直説法形の方がむしろ「法性標識形」[3] と呼ぶべきではないかとまで感じられるほどである．われわれの資料によれば，例えば，secgan 'to say'; cweðan 'to say' といった動詞の後に従う接続詞 ðæt [= that] に導かれる名詞節では，仮定法形と直説法形の比は 9 対 1，ær 'before'，ðonne 'than'，ðeah 'though' 等の接続詞に導かれる副詞節では，それぞれ 4.5 対 1，18 対 0，9 対 1 である．これらの環境における直説法は，現代英語におけるそれが初期英語の仮定法が担っていた領域までも自らの用法の領域の中に含んでいる法としてあるのとは異なり，「直説法性」(Indicativity) というそれ本来の法性 (Modality) を積極的に担って使用されていると考えることができよう．

なお，上記引用箇所にある注 (3) の内容は以下のとおりである (p. 251)．

> 言う迄もなく Visser ("The Terms 'Subjunctive' and 'Indicative'," *English Studies* XXXVI, 5) の用語のもじりであるが，Subjunctive を Modally marked form とし，Indicative を Modally non-marked form 或いは Modally zero form とする Visser の定義に従うならば勿論このような語の使用はできないことになる．(p. 251)

以上，古英語および中英語に見られる仮定法の伝播の現象について，部分的な観察を加えて見た．とくに，このような古い時代の英語においては，伝播されるものが過去時制というより，仮定法そのものであることが明らかであるような例を指摘するのは，さして困難ではないということについて，Ukaji (2010) の提出しているデータをもとに指摘した．いっぽう，現代英語の場合は，過去時制を伝播させるほうがふつうであると言っていいであろう（千葉 (2013: 14) 参照）．

仮定法のうち，とくに仮定法現在の場合に見られる「伝播」の例は，Jespersen (1931) には見出されないようであるが，該当例としては，千葉 (2013: 27; 206, fn. 47) のあげている下記例文 (17) (Bolinger (1978: 70) より）のようなものを指摘することができるであろう．

(17) It would be nice to know who suggested [who insist [that who do what before who did what else]], supposing that somebody did suggest [that somebody insist [that somebody do something before somebody did something else]].

(かりに，誰かがほかの何かをする前に，誰かが何かをするべきだということを誰かが主張するように誰かが実際示唆したとした場合，誰がほかのどんなことをする前に，誰が何をすべきかということを誰が主張するようにいったい誰が示唆したのか，わかったらいいでしょうね)

すなわち，上の例文において，まず，仮定法現在の認可要素としての動詞 suggest(ed) により，仮定法現在動詞 insist が選ばれ，次に，その insist が認可要素となって，仮定法現在動詞 do が選ばれている．それと同時に，before 節の中の動詞が過去形 did となっているのは，仮定法の伝播によるものと考えることができるであろう．

現代英語においては，一般的に「深さ制約 (depth constraint)」(cf. Chiba (1987: 36ff.), 千葉 (2013: 24ff.)), すなわち，一種の局所性条件，が働くために，仮定法現在動詞（形容詞あるいは名詞）の認可の力が，一つ下の従属節のさらに下に位置する従属節にまで及ぶことを許さない．すなわち，仮定法の中でも，とくに仮定法現在の場合には，一般的に「仮定法の伝播」の現象

は起こらないと思われる．ただし，実際には，下記例文 (18)（これは，上記例文 (5) のもともとの文である）のような文，すなわち，仮定法現在の認可要素としての動詞 requested の持つ仮定法の力が二つ下の従属節の中にまで及んで行くように見える文，を見出すこともあるので，この種の文の文法性の判断には個人差が認められるのであろう（例文 (18) のような現代英語において，ふつう接続詞 before は仮定法現在の認可要素とならないので，それが直接，仮定法動詞 be を認可しているとみなすことはできないことに注意）．さらに詳しい解説については，Chiba (1987: 36ff.) 参照．

(18) Meanwhile, at our local public swimming pool, the staff requested [that I wash off the sun cream that I had applied to my children's upper bodies [before they be allowed to enter the pool]]. (Richard Field, "Letters to the Editor," *The Daily Yomiuri,* 5 Sept. 2000, p. 6)

第 10 章

関係節と補文に見られる違い

10.1. 二重アクセス読みと独立読み

　この章では，時制の一致に関して見られる関係節と補文の場合の違いについて考えてみたい．まず，Enç (1987: 638) のあげている次の例文に見るように，一般的に，関係節の中の過去形動詞で表されている出来事と，主節の中のそれとの時間的関係は，どちらの出来事が前か，同時か，それとも後に起こった事柄であるかに関し，そのいずれの関係も成り立つ，すなわち，具体的文脈次第で，三つの異なる解釈が可能となると言える．

(1) We spoke to the man who was crying.
　　（私たちは，以前に泣いていたその男に話しかけた／私たちは，泣いているその男に話しかけた／私たちはその男に話しかけたのだが，その人はあとで泣いていた）

　すなわち，「その男に話しかけた」を仮に A とし，「その男が泣いていた」を B とすれば，その A, B 2 つの出来事の起こった時間的順序として，A < B, A ≈ B, A > B のような三つの異なる組み合わせがともに可能となる．A < B, A ≈ B, A > B の記号は，Higginbotham (2009: 128) によると，それぞれ，A is earlier than (or anterior to) B; A is simultaneous with (or temporally overlaps / surrounds) B; A is later than (or posterior to) B を表す．記号 <, > の代わりに，それぞれ，←, → を用いることもある (Smith (2009) 参照）．上記例文 (1) の持つ三つの意味解釈の三つ目，すなわち，「その男が泣いていた」のは，我々がその男に話しかけたその後に生じた出来事の可能性がある，という解釈にとくに注意したい．（関連する例文について，さらに詳しい解説については Ogihara (1996: 153ff.), Kusumoto (2005: 325ff.) 参照．）

　これら三つの解釈のことを Abusch (1988) は，それぞれ，backward shifted reading（後方転移読み），simultaneous reading（同時読み）および forward shifted reading（前方転移読み）と呼んでいる．この場合の backward および forward という表現は，時の流れの上で，それぞれ「過去に向かって」および「未来に向かって」の意味を表している．（なお，forward shifted reading に代わる名称として，Kusumoto (2005: 326) は "the later-than-matrix" reading を提案している．）

　この三つ目の読みは，次のような文の場合には明らかであると Enç (1987: 638) は述べている．

(2) 　John insulted yesterday the man who just spoke to you.
　　　（今しがた君に話しかけたその男のことを，ジョンは昨日侮辱したんだよ）

すなわち，この文においては，時を表す副詞 yesterday と just の対比により，二つの出来事（すなわち，John insulted the man と The man spoke to you で示されている二つの出来事）の起こった時間的前後関係が明らかに示されることになる．

　同じようなことが下記例文 (3) および (4)（それぞれ，Higginbotham (2009: 4f.) および Higginbotham (2009: 84) より）についても言えるであろう．

(3) 　a. 　Mary found a unicorn that was walking.
　　　　　（メアリーは（以前に）歩いていた一角獣を見つけた／メアリーは歩いている一角獣を見つけた／メアリーは一角獣を見つけたが，その動物はその後歩いていた）
　　　b. 　Last week, Mary found a unicorn that was walking yesterday.

（昨日歩いていた一角獣をメアリーは先週見つけていた）

(4) a. Gianni saw a woman who was ill.
（ジャンニは病気だった女を見た／ジャンニは病気の女を見た／ジャンニはある女の姿を見たが，その女はその後病気になっていた）

b. Two years ago, Gianni saw a woman who was ill last year.
（昨年病気だった女の姿をジャンニは今から2年前に見たのであった）

すなわち，例文(3a), (4a)は，とくに，それぞれ(3b), (4b)のような形の文にすると，明らかにその三つ目の意味解釈だけに絞られることになるということがわかるであろう。[1]

---

[1] これまで取り上げてきた関係節を含む文は，主節および関係節の時制がともに過去時制の例となっているが，関係節の中の過去時制は時制の一致によるものではないと言えるであろう (Hornstein (1990: 138ff.), Khomitsevich (2007: 108) 参照)。ただし，同時読みの場合には，時制の一致が働いているという捉え方も可能であろう。どのような場合に，関係節に時制の一致が働いていると言えるのかについて詳しくは，Ogihara (1996: 82, 153ff.), Stowell (2007: §6) 参照。

次にあげるデータ (Hornstein (1990: 139) より) が示すように，ふつうに見られる時制の一致の例に合わせて，関係節の場合にも同じような操作を加えてできると思われる文（下記例文 (ib), (iib), (iiib) 参照）を考えてみると，いずれも，非文法的な文となることがわかるであろう。

(i) a. John is in New York in a week.
（ジョンは1週間後にはニューヨークにいます）
b. *Frank met a man who was in New York in a week.
cf. I said that I was in New York in a week.
(ii) a. The Bruins play the Oilers in two days.
（ブルーインズは2日後にオイラーズと対戦します）
b. *Frank met the team that played the Oilers in two days.
cf. Bill thought that the Bruins played the Oilers in two days.
(iii) a. John has spoken to the man who will win.
（ジョンは勝利を収めると思われるその男に話しかけたことがある）
b. *John has spoken to the man who would win.

とくに注意すべきは，例文 (ib), (iib) に見るように，関係節の中の過去形動詞 was/played が，時制の一致による過去形（すなわち，見かけ上の過去形）ではなく，真の過去形であるとみなされるということである。したがって，これらの動詞は，未来を表す副詞句 in a week/in two days と共起できず，(ib), (iib) は非文法的文となるのに対し，比較参照 (cf.) のためにあげた例文に見る過去形動詞 was/played の場合は，時制の一致による見か

第10章　関係節と補文に見られる違い

また，このような例文の場合とは異なり，起こった出来事の前後関係を判断する決め手となるような，時を表す表現が明示されていない文の場合においても，語用論的に時間の前後関係を推論することができるような場合がある．たとえば，下記例文 (5) は，アメリカのオバマ政権時代に国家機密情報を暴露した罪で投獄されていた Chelsea Manning が刑期を短縮されて釈放されたことを報じたネット情報誌 Wired (17 May 2017) の中の見出し Chelsea Manning Walks Back Into a World She Helped Transform に続く部分を引用したものである．

(5)　She inspired a culture of whistleblowing that changed a nation.
　　　(そのせいで，その後，世の中の考え方を変えることとなる，内部告発というもののあり方に新しい息吹を吹き込んだのが彼女だった)

け上の過去形であり，意味解釈上は未来を表す現在形とみなすことができるので，それらの副詞句と一緒に用いることが許されると説明できることになる (Hornstein (1990: 139ff.) 参照)．

これはすなわち，同じ従属節の一種であっても，関係節と (時制の一致の見られる) 補文とでは，統語構造の上で主節との配置関係に (細かい点で) 違いが見られるので，そのことにより，時制の一致の規則対象となる・ならないの違いが生ずるものと考えられる (詳しくは，Hornstein (1990: 138ff.), Khomitsevich (2007: 107ff.) 参照)．時制の一致に関する関係節の振る舞いは，本文第7章で解説したような，副詞節の中のとくに理由・様態・比較・結果などを表す副詞節と同じような振る舞いを見せると言えるであろう．すなわち，意味内容に応じて，主節の時制に縛られずに独自の時制を選ぶことができるという点で，これらの副詞節と関係節には共通点が見られるということである．

なお，Ladusaw (1977) による時制の一致の分析について説明する中で，Ogihara (1996: 82ff.) は，主節および関係節の時制がともに過去時制の例だけでなく，下記例文に見るような，そのほかの組み合わせの例も取り上げて解説している．

　(iv)　a.　John saw the unicorn that was walking.
　　　　b.　John saw the unicorn that is walking.
　　　　c.　John saw the unicorn that will walk.
　　　　d.　John will see the unicorn that walked.
　　　　e.　John will see the unicorn that is walking.
　　　　f.　John will see the unicorn that will walk.

Ogihara (1996) による時制の一致の研究は，補文だけでなく，関係節 (さらには claim, annoucement などの名詞表現の場合) をも含めて，時制の一致の現象を全般的に捉えようとする意欲的研究となっている．日英語の関係節を含む文に見られる時制要素の示す興味ある現象およびその説明については，Ogihara (1996: 94-100, 153ff.) 参照．

この文の意味解釈において問題となるのは，二つの過去形動詞 inspired と changed で表されている出来事のうちどちらが先に起こった出来事であるのかということである．この文の場合は，問題になっている事実関係をもとに判断すると，「内部告発というものに対する世の中の考え方に彼女が新たな見方を吹き込む」という出来事が起こった結果として，事実「世の中の考え方に変化が生じる」という出来事へと繋がっていくという関係になっていることがわかる．すなわち，関係節内の動詞 changed は，主節の動詞 inspired が表す出来事より後に起こった出来事を表していると解釈されることとなる．

同じように，次のような例文を見てみよう．

(6) I shook the hand that held the knife that killed the girls.
("How can I call a convicted killer my friend?" 9 March 2017 <http://www.bostonglobe.com>)
(少女たちを殺すこととなったナイフを握ったその手と私はかつて握手を交わしていた)

この例文は，かつて友達として握手を交わしたことのある相手が，その後複数の少女を殺害するという事件を起こすという実話をレポートした新聞記事の見出しとして用いられている文を引用したものである．したがって，この場合も，（二箇所用いられている）関係節内の動詞のほうが，主節の動詞が表す出来事より後に起こった出来事を表していると解釈されることとなる．

さらに，同じようなほかの例として，以下の例文を参照．

(7) a. The police spokesman said that Henry was attacked by a man who shot him in the back.
(警察の代表者の話によると，ヘンリーはある男に襲われ，背中を撃たれたとのことである)
  b. Mary was rushed unconscious by helicopter to a hospital where she underwent an emergency operation.
(メアリーは無意識状態のままヘリコプターで病院に担ぎ込まれ，緊急

手術を受けた)

例文 (7a, b) は，その意味内容から，非制限的用法の関係節の例であることが明らかであるが，コンマを用いていない書き方になっているので，日本人英語学習者は，制限的用法の関係節よりなる文であると読み間違う可能性が十分にある．すなわち，(7a, b) の文の内容は，それぞれ，「ヘンリーの背中を撃った男にヘンリーが襲われた」および「緊急手術を受けた病院にメアリーは担ぎ込まれた」のではないのである．上記例文は，多くの英語学習者にとって，最初，意味内容の不自然な日本語訳を考えた後で，問題になっている二つの事柄の時間的順序が，本当はその逆が正しいのだから，その訳ではどうもおかしいのでは，ということに自ら気づかされる，大変興味深い例文だと言える．[2]

---

[2] これらの例に見られる関係節の前方転位読みの用法については，目的語の用法の一つとしての「結果の目的語 (object of result)」とのある種の類似点を思い浮かべる読者がおられるかもしれない．すなわち，たとえば，下記例文 (ia, b) (Jespersen (1933: 109) より) は，動詞 build, write で表されているある行為や動作の結果として，それぞれ目的語 a house, a letter で表されているものが出来上がる／生じるという意味内容を持った文であると考えることができる．最初から，a house, a letter なるものが存在していて，それに build, write の行為や動作を加えるといった意味内容のことを表そうとした文ではない．

(i) a. The architect built a house.
(その建築家が家を一軒建てた)
b. John wrote a letter.
(ジョンは手紙を一通書いた)

結果の目的語を取る動詞の中には，ふつうの目的語を取る用法を併せ持つような動詞が多く見られるとして，Jespersen (p. 109) があげている例の中からいくつか下に引用しておこう．(左側にあげる例が結果の目的語の例であり，その右側にあるのが，ふつうの目的語の例である．)

(ii) a. I dig a grave.　　　　　　　　I dig the ground.
(私は穴を掘る)　　　　　　　　(私は地面を掘り起こす)
b. She lights a fire.　　　　　　　She lights the lamp.
(彼女は火を付ける)　　　　　　(彼女はランプに火を灯す)
c. He paints portraits.　　　　　He paints the door.
(彼は肖像画を描く)　　　　　　(彼はドアにペンキを塗る)
d. Moths eat holes in curtains.　He eats an apple.
(蛾がカーテンに穴を開ける)　　(彼はリンゴを食べる)

なお，Abusch (1988: 2) のあげている下記 (8) のような例文の場合は，関係節が主節の主語と目的語の両方に現れているので，出来事の前後関係についての可能な組み合わせがより複雑になるが，要点は同じである．

(8) The child who stole the cat saw the man who washed his car.
(その猫を盗んだその子供は，自分で車を洗っていたその男の姿を見た／その猫を盗んだその子供は，その男の姿を見たのだが，その人はその後自分で車を洗った／その子供は自分で車を洗っていたその男の姿を見たのだが，その子はその後その猫を盗んだ／その子供はその男の姿を見たのだが，その子はその後その猫を盗み，男は自分の車を洗った)

上で見たような関係節の持つ特徴は，Abusch (1988: 3) が言うように，関係節には，従属節というより独立節のような振る舞いを示す性質があることから生じるのであろうと考えられる．[3]

---

[3] このような性質を持った関係節のことを河野 (2012) は「非制限的な制限的関係節」と呼んでいる．詳しい解説については，河野 (2012: Chs. 3-4) 参照．なお，関係節に見られる時制の持つ特徴を，第 3 章第 2 節において説明した de re 読みの観点から説明している研究の例として，Abusch (1988), Ogihara (1996, 1999), Stowell (2007), Melara (2016) をあげることができる．
　これまで取り上げた例文で，関係節内の過去形動詞が表す出来事のほうが，主節の過去形動詞が表す出来事より後に起こると解釈される例文は，いずれも，関係節内の過去時制で表される出来事が，文字どおり，文の発話時点（すなわち，現在）に先立つ過去の事柄を表すような，ごくふつうに見る過去形の用法を示すものであった．ところが，Abusch (1997: 28) は，下記例文の場合，関係節内の過去時制が，単に，主節動詞の持つ過去時制より後の時点を表すだけでなく，文の発話時点よりさらに後の時点を表すという解釈も可能となることを指摘している．
　(i) Five days ago, John promised to talk during a seminar a week later about the topic that the participants were most interested in.
(5 日前ジョンは，1 週間後のセミナーのときには，参加者が最も興味を持つ話題について話をすると約束した)
すなわち，セミナーで話す話題を何にするかを，講演の約束をした時点で，そのときの聴衆の最も興味を示す話題に従って前もって決めておく，というのではなく，1 週間後のセミナーのときにその場にいあわせる聴衆がもっとも興味を示すことになる話題がなんであろうとも，それを取り上げて，それについて講演をするというようなことをジョンが約束した，という解釈が可能であるということである．
　Abusch が指摘するように (p. 28)，この例文に見る過去形動詞 were も，本文中の第 9 章

第10章 関係節と補文に見られる違い　　119

　ついでながら，関係節が独立節のような振る舞いを示す別の現象としては，次の例文に見るように，(たとえ制限的関係節の場合であっても) 関係節の中に frankly, it seems to me, let us suppose のような文副詞的表現を挿入句として用いることがあるという事実を指摘することができるであろう.[4]

で取り上げた例文 (7a) の were の場合と同じように，時制の一致によるものと考えられるであろう．ただし，前者は，後者の場合とは異なり，仮定法の伝播の例とは考えられないという違いが見られる．

[4] 例文 (9a-c) は，それぞれ，Fairclough (1973: 528), Selkirk (1970: 6), および千葉 (2003: 87) より．ただし，これらの例文の場合，「関係節が独立節のような振る舞いを示す」という捉え方は当たらないかもしれない．しかしながら，これらの例文は，文の発話者に結びつけて理解されるべき文副詞 (的表現) が，文構造の上で最上位の節の位置を占めずに，関係節の中にまで入り込んでいるということを示す例文であるということは言えるであろう．すなわち，第3章第2節において説明した de re 読みの現象が見られるということになる．

　表面上，文の内部 (深く) の位置を占めていても，frankly のような文副詞の場合には，文の発話者と結びつけて解釈されるということを示すほかの例としては，廣瀬 (1988b: 6) のあげている次のような例文が参考になるであろう．
　(i)　John said that frankly, Mary was lying.
　　　（正直な話，メアリーは嘘をついている（いた）のだとジョンは言った）
すなわち，この例文において，副詞 frankly は，主節の主語であるジョンではなく，この文の発話者の主観的発話態度を表す文副詞として理解されなければならないということを廣瀬は指摘している．
　なお，同じ文副詞でも，probably のような副詞の場合には，発話者に結びつけられるのではなく，主節主語に結びつけられると解釈されるのが最もふつうの読みであるということを，廣瀬 (1988b: 7) は次のような例文をあげて説明している．
　(ii)　a.　John says that the news is probably true.
　　　　　（そのニュースはおそらく本当だろうとジョンは言っている）
　　　　b.　Mary thinks that John may possibly be a spy.
　　　　　（ジョンはことによるとスパイかもしれないとメアリーは思っている）
（文副詞の種類とその分布，すなわち，文中のどの位置に用いることができるかに関する特徴，について詳しくは，Kajita (1968), 岡田 (1985) 参照．)

　ところで，文副詞を用いる代わりに，第3章第2節で取り上げた絵文字・顔文字の記号を用いることが考えられるかもしれない．そのような場合，この種の記号的文字の一般的働きからすると，ふつうの言語表現の使用の場合に見られるような制約に縛られることなく，文中のどの位置においても使用可能となっているのかもしれないとも思えてくる．たとえば，文副詞 frankly, probably に相当する絵文字があったとすると，上で説明したような frankly と probably に見られる違いにもかかわらず，その二つの絵文字には同じような使用分布が見られるというようなことが，少なくとも理論上は考えられる．それとも，二つの絵文字

(9) a. John's bought a painting that <u>frankly</u> I find rather ugly.
　　　（正直言って，どちらかというと私には醜いと思える絵をジョンは購入した）
　　b. The school which, <u>it seems to me</u>, is the best in the country is General Beadle State College. 　　　　　　　　(=3.2 節 (23b))
　　c. By fixing each of the parameters we determine particular grammar which, <u>let us suppose</u>, generates a specific language.
　　　　　　　　　　　　　　　　　　　　　　　　(=3.2 節 (23c))

　本題に戻って，以上，上に取り上げたのは，関係節の中の過去時制と主節の中の過去時制との絡み合いから得られる三つの異なる意味解釈についてであった．いっぽう，関係節の場合と比べると，補文の場合には，時の解釈に関し，次に説明するように，より強い制限が働いていると言える．
　まず，たとえば，Abusch (1988: 1) も指摘するように，下記例文について言うと，

(10) John said that Mary was pregnant.

この文は，John said, "Mary was pregnant." のような解釈，すなわち，後方転移読みと John said, "Mary is pregnant." のような解釈，すなわち，同時読みのいずれの解釈も可能な曖昧文であると言える．ただし，第 5 章の注 4 においても触れたように，Ogihara (1995b: 668) によると，前者のような解釈は，たとえば the day before のような適当な副詞的表現を伴わない限り，す

の使用には，それぞれに対応する言語表現（frankly, probably）の持つ文法上の特徴を反映した形で，どこか違いが見られるというようになっているのであろうか．すなわち，絵文字使用の場合にも，絵文字使用者が持つそれぞれの母語の文法による言語直観を反映する形で，たとえば，英語の文副詞 frankly, probably の違いが絵文字の使用の際にも現れるということがあるのであろうか．

　世の中の新しい動きに伴い出現した絵文字の使用にはまだ慣れていない筆者ではあるが，「絵文字にも，それに対応する文副詞的表現が持つ文法的特徴がそのまま反映されるのだろうか」という問題のほかにも，「絵文字には，自然言語の文法に見られるパラメータ的特徴があるのだろうか」というような言語学的研究テーマが成り立つかもしれないと，近頃ぼんやりと考えている．

ぐに思い浮かべられるような解釈とは言えず，人によっては，そのような解釈は無理だとする英語母語話者もいるくらいだということになる．少なくとも，過去完了形を用いた表現のほうが好ましいと感じる母語話者は多いであろう（Sharvit (2003: 675)，Gennari (2003: 56) 参照）．[5]　（このように，時制の一致

---

[5] そのような方言や個人語では，下記例文 (ia-c)（=本文中の第6章の例文 (4a-c)）のように，従属節が状態を表さない内容の文の場合にも，同じように，the day before のような副詞を用いるか，あるいは，過去完了形を用いた表現にする必要があるということなのであろうか．
(i) a. Mary found out that John failed the test.
 b. The gardener said that the roses died.
 c. Sally thought that John drank the beer.
一般的に，言語使用の具体的場面において，曖昧性を避けるために，できるだけ意味明瞭な言語表現を目指すという漠然とした意識が働くような言語使用者の存在は十分考えられることであろう．本文中の例文 (10)（=John said that Mary was pregnant）のような文に対して，Ogihara の指摘するような，後方転移読みは無理だとする話し手の場合に，もし，そのような意識が働いているのだとしたら，例文 (ia-c) のように，従属節が状態を表すという条件が満たされていないような文の場合は，どのように受け取られるであろうか．このような文の場合，同時読みの解釈は許されないことになるので，たとえ，例文 (10) のような文に対しては，二つの異なる読みをともに許すような方言や個人語の場合でも，例文 (ia-c) のような文は後方転移読みのみが可能となり，したがって，曖昧文ではないことになる．つまり，このような文は，the day before のような副詞を用いるか，あるいは，過去完了形を用いた表現にしなくても，主節と従属節に含まれる二つの時制の表す時間的前後関係がかなり明瞭であると判断されることになるであろう．したがって，Ogihara の指摘するような方言や個人語にあっても，(ia-c) のような文は，そのまま受け入れられるのではないかという推測を下すことになる．
ところで，本文中の例文 (10)（=John said that Mary was pregnant）と類似の文 John knew that Mary was pregnant に対して，Kiparsky (2002: 11) は三つの異なる解釈が可能であると指摘している．すなわち，一つ目は，that 節内の動詞が時制の一致により過去時制となっている場合の解釈（すなわち「同時読み」の解釈）であり，残り二つは，もとから過去形であった場合の解釈であるが，これはさらに次のように分類できることになる．すなわち，「メアリーが妊娠していた」のは「ジョンがそれを知る」前までの状態であり，ジョンがそれを知ったときには，すでにその状態は終わっていたとする解釈（すなわち「後方転移読み」の解釈）と，ジョンがそれを知ったときにも妊娠状態は続いていたとする解釈である．
以上のことは，方言や個人語の違いの中には，Ogihara の指摘する母語話者の反応に見るように，「厳格な (strict)」と言えるような捉え方をするような解釈もあれば，一方では，Kiparsky の指摘するデータに見るような，「寛大な (liberal)」と言えるような捉え方をする解釈もあるということを示していることになるであろう．
なお，本文中の例文 (10) において，主節動詞に believed が用いられているような場合，

に関連する文の持つ可能な意味解釈についての判断には，個人差が見られるということを示すほかの例については，第 3 章および第 4 章第 1 節参照．さらに，アメリカ英語・イギリス英語の違いが見られる場合があるということに関しては，本章の注 12 参照．）

ところで，関係節の場合と異なり，上記例文（10）の持つ三つ目の意味解釈として，次のような解釈は許されないということを指摘することができる．すなわち，「メアリーが妊娠した」（Mary's pregnancy）という事象が，ジョンの発話時（John's saying time）より後の出来事で，しかも，文全体の発話時より前に起こった出来事を表すような読みは許されない（Abusch (1997)，Ogihara (1995a: 185f., 203ff.; 1996: 85, 94; 1999: 225f., 231)，Schlenker (2004)，Melara (2016: 41) 参照）．

ただし，下記例文（11a）のように，主節が過去時制で，従属節には未来を表す助動詞 will / would が用いられているような文の場合には，例文（11b）のように関係節を含む文の場合同様，補文においても，その文の発話時を起点として，それよりさらに将来の時点についての事柄を推測する文として解釈できることになる（例文は，いずれも Abusch (1988: 9) より）．

(11) a. John said that he will / would feed the squirrels in Gramercy Park.
   （ジョンはグラマーシー公園のリスに餌をやると言った）
   b. Jeffery looked for a studio which will / would go Co-Op.
   （ジェフリーは共同住宅に模様替えできるアパートはどこかないかと探した）

同じ趣旨の解説については，Higginbotham (2009: 91, 166f.) 参照．[6]

イギリス英語では，同時読みの解釈だけが許されるということが Giorgi and Pianesi (1997) によって指摘されている（注 12 参照）が，Ogihara の指摘する母語話者の反応に見られる方言や個人語との関連など詳しいことはわからない．

[6] ただし，例文 (11a, b) において，will と would のいずれを用いるかにより，次のような意味の違いがもたらされるということに注意しなければならない．すなわち，まず will のほうは，発話時点においても，feed the squirrels / go Co-Op の状態がまだ達成されていなく

また，このことから，上記例文 (3b), (4b) に対応する下記例文 (12) が非文法的文となることも理解できるであろう．

(12)　*Last week, John said that Mary was pregnant yesterday.[7]

すなわち，すでに上記例文 (3b), (4b) で見たように，関係節の場合には，三つ目の解釈が明確となるような文として，上記例文 (12) に対応する文が許されるのに対し，従属節が補文からできている例文 (12) の場合は許されないということがわかる．

読者の中には，この三つ目の解釈に近いものとして，「メアリーは今（も）妊娠中である」ということを付け加えた内容を持った下記例文 (13) のことを考える向きもおられるかもしれない．

(13)　John said that Mary is pregnant.

ただし，時制の一致の例外の一つとしてよく取り上げられることのあるこの種の文は，ここで問題にしている三つ目の解釈には該当しないことに注意しなければならない．確かに，(13) の文は，メアリーが妊娠している状態が現時点においても当てはまることを表してはいるが，上で取り上げた関係節

て，依然として「将来において～だろう」という状態が続いていることを表す．いっぽう，would のほうは，will と同じような意味を表すほかに，場合によっては，発話時点において，すでにその状態が達成されてしまっているという意味になることもある．すなわち，will（これは時制としては現在時制である）には，現在時制の動詞が一般的に示すように独立読み（あるいは de re 読み）の用法が可能なので，発話時点に関連づけて解釈されることとなり，そのことにより，発話時点においても依然として，will feed the squirrels/will go Co-Op という状態が成り立つと言えるであろう．

なお，Hornstein (1990: 120f.) は，このような will と would に見られる違いについて，次のような単純な例文をもとに，同じような解説をしているので，参考になるであろう．
  (i) a.　John said that Harry will leave.
  　　b.　John said that Harry would leave.
Abusch (1988: 9), Martin (2001: 147f.) にも同じような指摘が見られる．なお，本文の第 4 章第 1 節において取り上げた例文 (10b, c) についても，同じような will/would の用法の違いを指摘することができる．

[7] 例文 (12) は，Higginbotham (2009: 84) のあげている下記例文 (i) に基づいている．
  (i) *Two years ago, Gianni said that Maria was ill last year.

を含む例文の場合とは異なり，Mary's pregnancy の状態が，主節動詞で表された過去の時点より後の時点になって（初めて）生じたとは言えないからである。[8]

　ここで，上記二つの例文 (10), (13) について，とくに「曖昧性」の観点から両者の違いについて述べておこう。まず (10) の場合は，上でも触れたように，ジョンの発話内容が "Mary was pregnant" だったのか，それとも "Mary is pregnant" だったのか，いずれの解釈なのかを読み手（聞き手）は決めかねるという意味において曖昧文となる。それに対して，(13) の場合は，(a)「メアリーが妊娠しているとジョンが言った」という解釈と，(b)「メア

---

[8] ただし，Hornstein (1990: 162) が，下記例文 (ia, b) について次のような説明を与えているの知るのは，大変興味深いと思われる。
 (i) a. John heard that Mary is pregnant.
　　b. I heard from a reliable source that John knows the killer's identity.
　　　（ジョンは殺人者が誰だか知っている（知ることになる）との情報を私はある信頼できる筋から耳にした）
すなわち，Hornstein はまず，例文 (ib) の意味内容からは，「私がその信頼できる筋と接触したときに，ジョンはすでにその情報内容について知っていた」とは必ずしも言えない，ということを指摘する。すなわち，「私が耳にしたのは，ジョンがその情報を手に入れることになるであろうということだけであり，そのときジョンはまだその情報を入手していなかった可能性もある」からである。そのような場合でも，その後ジョンがその情報を入手し，私が例文 (ib) を口にするときには，ジョンは犯人が誰なのかすでにわかっていたと言えるであろう (p. 163)。このことは上記例文 (ia) についても当てはまるということを Hornstein は指摘している。すなわち，ジョンがメアリーの妊娠について耳にした時には，まだメアリーは妊娠していなくて，(ia) の文を発話する段階では，すでにメアリーは妊娠していた，とする解釈が可能だということになる。
　上に紹介した Hornstein の説明は，Enç (1987: 652ff.) が，上記例文 (ia) について，「マリーが妊娠しているということが成り立つのは，この文が発話されている現在の時点と，ジョンがメアリーの妊娠について耳にした過去の時点の両方においてである」と言っているのに対して，それは必ずしも正しくないということを示すために彼が述べている内容である。Enç と同じような判断は，Abusch (1997: 5) によっても示されている。
　Hornstein はまた，Enç のあげているような解釈の仕方は，この種の文に対して，ふだん私たちがしばしば行う意味解釈であることを認める一方で，時制そのもの以上に語用論的な要因が文の意味解釈にとって有力な手がかりになることがあるようだとも述べている。（したがって，時と場合によっては，上に指摘したような三つ目の解釈が可能となるということになるようであるが，Hornstein と同じような判断をする母語話者はどのくらいの割合見いだすことができるのであろうか。）

リーは今妊娠中だ」という解釈のいずれの情報を伝えようとした文なのか読み手（聞き手）は決めかねる（ので曖昧文となる）ということではなく，その両方の意味情報を盛り込んだ文としてこの文が発話されている，という点にとくに注意したい（Enç (1987: 635-637), Abusch (1988, 1997), Hornstein (1990: 120f.), Martin (2001: 151f.), Gennari (2003: 64ff.), Stowell (2007: 461), Higginbotham (2009: 90ff.) 参照）．したがって，そういう意味においては，(13) は曖昧文ではないことになる．

　例文 (13) が示す特異な点は，Mary is pregnant の部分が「2 回にわたって利用されている」[9] という点である．すなわち，その部分が，まず主節の部分と結びつけて解釈される（つまり，ジョンの発話内容を伝える部分として解釈される）だけでなく，主節とは独立して，この文の話し手自身による発話内容の一部としても解釈されるという意味において，Mary is pregnant の部分は，2 回にわたって，文の意味解釈のために利用されていると言うことができるであろう．

　このような「二重アクセス（double access）」による解釈・読みのことを「二重アクセス読み（double access reading, DAR）」と呼ぶことがある（Ogihara (1996), Abusch (1997: 40ff.), Pianesi (2006: 110ff.), Higginbotham (2009: 93ff.) 参照）．上記二つの解釈のことを，別の言葉を用いて，次のように言い換えることもできるであろう．すなわち，前者のほうの意味解釈は，"Mary is pregnant" の部分で表される事象（イベント）が，主節の部分が表す事象ないし時制（過去時制）と照応的に結びつけられることにより得られるのに対し，後者のような意味解釈は，同じ "Mary is pregnant" の事象が，文全体の発話時（utterance time / speech time）である現在時制に結びつけられることにより得られるものと考えられる．このように，前者の「主節の過去時制と照応的に結びつけられる」解釈の場合が，とりもなおさず，（時制の一致の形は取らないものの）時制の一致の解釈に相当することになり，いっぽ

---

　[9] Higginbotham (2009: 93) によると，このようなアイデアは，1998 年に開かれた Bergamo における研究会のときの Tim Stowell によるコメントに基づくものであるとのことである．

う，後者の「文全体の発話時に結びつけられる」解釈の場合が，「独立読み」に相当することになる．すなわち，Mary is pregnant の部分に含まれている現在時制要素 PRESENT が，「従属的 (dependent) PRESENT」および「独立的 (independent) PRESENT」としての両方の役割を併せ持つと言うことができるであろう (Stowell (2007: 461) 参照).

　上記例文 (13) の持つこのような特徴は，また，文法理論の道具を用いて捉え直すとすると，以下のようになるであろう．下に示すものは，イタリア語の場合について Giorgi and Pianesi (1998) が分析しているものをもとに，Higginbotham (2009: 93f.) が解説しているものを筆者なりにまとめてみたものである．

　すなわち，LF (論理形式部門，意味部門) において補文の中の現在時制要素 I (=INFL，Inflection) が補文標識 C の位置にコピーされることにより二つのコピーが生ずることになる．(ここで言う「コピー」は，単にコピーされて新たにできたものばかりでなく，最初から存在する元のものをも含めて，両者ともに「コピー」と呼ぶ用法になっていることに注意．これは，Chomsky (1995) のミニマリスト・プログラムの中で導入されている，移動規則についての新しい捉え方である「移動のコピー理論 (copy theory of movement)」に基づいている.) C の位置を占める I は，その位置から発話時に結びつけることが可能となり，その結果，Mary is pregnant という事象を発話者自身の発言内容として解釈する「独立読み」としての意味解釈が得られることとなる．いっぽう，元の位置を占める I の働きにより，Mary is pregnant の事象は「ジョンの発言」(John's speaking) という事象とも結びつけることができるので，そこから，それら二つの事象の「同時性」を表すもう一つ別の意味解釈が得られることになる．[10]　(二重アクセスの現象を説明す

---

　[10] なお，イタリア語のデータに基づく Giorgi and Pianesi の二重アクセスの分析案においては，独立読みの可能性と補文標識との間に密接な関係があることが指摘されている．すなわち，補文の中の I が C の位置にコピーされ，その結果，独立読みが可能となるためには，補文標識の位置が確保されていなければならないと考えることになる．したがって，補文標識は消去されていてはならない，あるいは，消去可能なものであってはならない．このことにより，独立読みとしての意味解釈が可能となるのは，一般的に，that 消去を許さない「発

るために，その仕組みを文法理論の観点から厳密に規則化しようとする試みとしては，ほかに Ogihara (1989, 1996)，Stowell (2007) などをあげることができる.)

以上の説明からもわかるように，上記例文 (13) は，Mary's pregnancy という事象が，単にジョンがそれを告げた時点だけでなく，この文の発話時においても当てはまるということをこの文の発話者が示そうとして用いた文であるということになる．

同じようなことが，Abusch (1988: 7) のあげている下記例文 (14a)，および Hornstein (1990: 120) のあげている下記例文 (14b) についても言えるであろう．

(14) a. John believed that Mary is pregnant.[11]

話動詞」の類 (verbs of saying or the forms of communicative behavior) に限られることになる．(ただし，一般的に独立読みを許す動詞の種類としては，発話動詞以外に「叙実的動詞 (factive verbs)」も加えることができるということについては，第 13 章参照.)

英語の発話動詞には，announce, mumble, mutter, report, say, scream, shout, shriek, tell などの動詞が含まれる（第 13 章参照）．ただし，英語においては，発話動詞と that 消去の間に密接な関係があるとは言えないということについては，第 13 章第 1 節において取り上げることになる．

[11] 例文 (14a) のように，主節の動詞として believe が用いられているような文の場合，後ほど第 13 章第 1 節で取り上げるような条件，すなわち，独立読みが許されるのは，一般的に「発話動詞 (saying verb)」と「叙実的動詞 (factive verb)」の場合に限られるとする条件，に違反することが考えられるので，この例文は広く一般的に受け入れられる文とは言えないかもしれない．事実，後ほど指摘するように，Higginbotham (2009) も，この文の文法性が低いと答える英語母語話者が何人かいることを報告している．また，筆者の尋ねたインフォーマントの反応も否定的であることがわかる．なお，本文第 2 章の例文 (2b) (=I believed that the sun *is/was out) にも同じような反応が示されている可能性がある．

なぜこのような例文が不自然な文となるかを説明しようとする研究としては Altshuler et al. (2015) がある．主節の動詞が believe, think, feel, know などの状態動詞の場合，二重アクセス読みが不自然になる原因として，Altshuler et al. (2015) はとくに "cessation"（停止状態，中断）と "parentheticality"（挿入句的性質）の特徴がともに含まれているような文の場合，語用論的に不自然な文が生まれるということを指摘している．「停止状態」の特徴と言うのは，「ある状況が過去の時点においては見られたが，今はそうではない」というような意味を込めて発せられた文の持つ特徴のことを言う．いっぽうの「挿入句的性質」の特徴と言うのは，主張の焦点が主節ではなくむしろ従属節にあると理解できるような文，すなわち，主節の部分がいわば挿入句的役割（旧情報）を担っていて，現在どういう状況が見られ

b. John heard that Mary is pregnant.   (=注8，(ia))

　ただし，下記例文 (15) (Abusch (1988: 7)) のような文の場合には，発話時点において「メアリーが妊娠している」という情報は，"but actually ..." の部分からも推測できるように，発話者自身によってむしろ否定されることになるということを Abusch (1988: 7) は述べている．

(15) John believed that Mary is pregnant but actually she has just been overeating.
（ジョンはメアリーが妊娠していると信じたが，実際には，ずっと食べ過ぎ状態だったに過ぎないことがわかった）

　ここで，正直言って，筆者などはわからなくなるのであるが，上記例文 (14) のような単独の文の場合には，この文の発話時点において「メアリーが妊娠している」という独立読みの情報が込められていたのに対し，上記例文

るか（新情報）を従属節の部分で伝えようとする意図が込められたような文の特徴のことを言う．
　この二つの特徴が同じ一つの文に込められていると，一般的に語用論的に不自然な文となると言えるであろう．すなわち，二重アクセス文の従属節は，ふつう，そこに込められた意味内容が現在の時点で真であることを表す機能を持っているので，そのような文は，上に説明した挿入句的性質としての特徴を備えていることになる．ところが，主節動詞が現在形ではなく，過去形の believed / thought / felt / knew のようになっていると，従属節で表されている意味内容を信じたり思ったりしたのが，過去のことであり，現在ではそのように信じたり思ったりしていない，すなわち，従属節の意味内容が真ではなく偽であるというような受け取り方が可能となることが考えられる．したがって，例文 (14a) は上で説明した停止的状態の特徴の見られる文であるということになるであろう．このようにして，believed / thought / felt / knew のような主節動詞を持つ二重アクセス文は，実際には二重アクセス文の候補からは外れた，論理的に矛盾を孕んだ不自然な文であるという解釈を受ける可能性があるという結論を引き出すことができる．
　したがって，広く一般的に受け入れられるような例文をもとに議論を進めるためには，本文中の例文 (14a)，および本文中で次に示すことになる例文 (15) を，それぞれ，下記例文 (ia, b) のように，問題となる特徴を含まないようなものに置き換えるのがよいかもしれない．

(i) a. John said that Mary is pregnant.   (=10.1 節 (13))
　　b. John said that Mary is pregnant but actually she has just been overeating.

(15) のような文の場合には，そのような読みは棚上げ（帳消し）可能だということになるのであろうか．(15) の文の前半部分 "John believed that Mary is pregnant" の解釈はどうなるのか．たとえば，「メアリーが妊娠しているとジョンは信じていたんだが（そして<u>実は，現在，彼女は妊娠しているんだが</u>），ところが実際には，食べ過ぎのためにお腹が大きくなっていただけなんだということがわかったのさ」というように，下線部を付け加えた解釈は後続部分と矛盾する内容になっているので，文全体としては奇妙な内容の文となり，実際は許されないはずだが．．．．それとも，(15) のような文の前半部は，独立文としての John believed that Mary was pregnant が持つ二つの解釈のうち，同時読みとしての解釈と実質的に同じような解釈となるのであろうか．もしそうなら，"John believed that Mary is pregnant" の解釈は，(14a) のように独立した文の場合と，(15) のように，文の一部となっているよう場合とでは異なることになる，すなわち，「二重アクセス」の可能性に違いが生じることになる，ということなのであろうか．

ところで，曖昧文の場合は，理論的に可能な複数の異なる読みのうち，実際には，コンテクスト次第で棚上げされる読みが出てくるというのはよくあることである．したがって，もし上記 (14) のような文が曖昧文であるのなら，上記例文 (15) のような文は自然な文であるということになるのであるが，上でも指摘したように，実際には曖昧文ではなく，二重アクセスを許す文のはずであるから，上に述べたような素朴な疑問が生ずることになるという次第である．

ここで考えられるのは，二重アクセスが可能な場合，そこから得られる二つの異なる読みが，ある特定の文に対して常に同時に成り立つとは限らないのかもしれないということである．すなわち，二重アクセスにより得られる同時読みおよび独立読みの二つの解釈のうち，少なくとも，後者の解釈は，もともと，コンテクスト次第で棚上げになる可能性を秘めたものなのかもしれないということになる．もしこのように捉えることが許されるならば，上に述べた筆者の疑問は解消されることになり，したがって，上記 (15) のよ

うな例文も矛盾なく受け取られることとなる。[12]

　事実，このことを支持することになるかもしれないと思われるコメントが Enç (1987) により与えられているのを指摘することができる．Enç (1987: 635-637) は，ここで問題にしている「二重アクセス」による解釈に相当する二つの解釈が可能な例文として，下記例文 (16a-c) をあげて，下記例文 (17) のような文との違いを説明している．

---

[12] 注 11 においても指摘したように，筆者の尋ねたインフォーマントにとっては，本文中の例文 (14a)（=John believed that Mary is pregnant）そのものが不自然な文となるからであろうか，(15)（=John believed that Mary is pregnant but actually she has just been overeating）も不自然な文となるようである．

　なお，注 11 で取り上げた Altshuler et al. (2015) による説明とは別に，一般的に believe 系動詞の場合に見られるアメリカ英語・イギリス英語の違いについて指摘している Giorgi and Pianesi (1997: 286ff.) が重要だと思われるので，以下その概要を解説してみたい．すなわち，Giorgi and Pianesi は，まず，従属節が状態を表し，現在時制になっている John believed that Mary is pregnant のような文の場合は，イギリス英語の話し手にとって非文法的文であると受け取られるだけでなく，一部のアメリカ英語の話し手にとっても，かなり不自然な文であると判断されるという興味深い言語事実があることを指摘している（注 11 参照）．さらに，従属節が状態を表し，過去時制になっている John believed that Mary was pregnant のような文の場合は，Giorgi and Pianesi によると，アメリカ英語では，従属節の部分の解釈に関し，二つの異なる解釈，すなわち，後方転移読みと同時読みの二つの解釈が可能となるのに対し，イギリス英語では同時読みの解釈だけが許されるとのことである．

　いっぽう，従属節が状態動詞ではなく事象的 (eventive) 動詞となっている John believed that Mary left のような文の場合は，アメリカ英語では，同時読みの解釈が許されず，過去完了に相当する後方転移読みの解釈だけが可能となる．それに対し，イギリス英語では，いずれの解釈も許されず非文法的文となる．

　あと，Giorgi and Pianesi は，次に示す完了形および will/would の場合に見られる英米間の違いについても説明しているが，詳しくは Giorgi and Pianesi (1997: 287) 参照（例文の後ろの（ ）内の*BEn, BEn, AEn は，「イギリス英語で非文法的文」，「イギリス英語で文法的文」，「アメリカ英語で文法的文」であることをそれぞれ表す）．
　(i) a.　John believed that Mary has left (*BEn; AEn).
　　　 b.　John believed that Mary had left (BEn; AEn).
　(ii) a.　John believed that Mary will leave (*BEn; AEn).
　　　 b.　John believed that Mary would leave (BEn; AEn).
　このように，主節動詞が believed となっている場合に，アメリカ英語とイギリス英語の間で文法的かどうかの判断について違いが見られることがあるという事実が，これまで本文中および注 11 において試みた筆者の解説にも微妙に関連しているのかもしれないと思われる．

第 10 章　関係節と補文に見られる違い　　　　　　　　　　131

(16)　a.　John heard that Mary is pregnant.　　　　　　　　(=(14b))
　　　 b.　We found out that John loves Mary.
　　　 c.　Sally told me that John is very depressed.
(17)　John heard that Mary was pregnant.　　(=第 5 章 (1a)，第 6 章 (3a))

　その説明の中で，現在時制で表されている (16a-c) のような文の場合には，発話時，すなわち現在，との密接なかかわりを示す解釈（すなわち独立読みの解釈）が許されるとするアイデアが，Costa (1972) および Comrie (1985) により (1987 年の時点において) これまで支持されてきているということを指摘している．ここでとくに興味深いのは，Costa (1972) の見解について，脚注 4 (Enç (1987: 637)) の中で，Enç が次のようにコメントしている点である．すなわち，「Costa (1972) は，このような文（=上記例文 (16a-c)）においては，補文の持つ意味内容が真であることが，その文の話し手により前提とされていると主張するが，この見解は正しくないように思われる」と指摘している．
　ここに引用した Enç のコメントの中の「この見解は正しくない」の意味を，「つまり，補文の持つ意味内容が真であることが，発話者によって必ずしも前提とされているとは限らない」のように解釈するとすれば，上記例文 (16a-c) のような文に対し，二重アクセスの可能性が常に保障されているわけではないことになるので，上記例文 (15) の場合も，接続詞 but の前の部分においてはありうるとされる二重アクセス読みのうちの，独立読みとしての解釈が，そのあとに続く後半部の持つ意味内容と相容れないために，棚上げされることとなり，結局，文全体としての意味解釈には「今でもメアリーは妊娠している」という部分は含まれないことになる．同じような捉え方は，Pianesi (2006: 110) においても示されている．また，Hornstein (1990: 121) が上記例文 (16a) に関し，「もし，ジョンの得た情報が正しいのであれば，メアリーは今も妊娠中であるということになる」（下線は，上記の日本語訳において千葉が新たに加えたもの）のように，注意深く但し書きを添えているのも，同じような趣旨からであると言えるであろう．
　したがって，例文 (15) のような文に関して，上で説明したような筆者な

りの疑問が生じるのは，上に紹介した Costa (1972) の見解と同じような立場，すなわち，「メアリーは現在妊娠している」という意味解釈が，この場合にも依然として前提となっているとする立場に基づいて判断していたからであると考えられる。いっぽう，Enç による上記のようなコメントに従って，Costa (1972) のような見解を捨てることにすれば，上にも述べたように，そのような疑問から解放されることになるであろう。[13]

---

[13] Kozawa (1995: 414) が Comrie (1986) からの引用例文としてあげている下記例文 (ia-c) のうち，三つ目のものが非文法的文となるのは，本文で問題とした「補文の持つ意味内容が真であることが，発話者によって前提とされている」という立場を反映したものと受け取ることができるであろう。つまり，文の前半部で示されているそのような前提が，後続部の but 以下の内容と矛盾することになるので，不自然な内容の文であると判断されるのであろう。

(i) a. Yesterday, Linda said, "I will arrive the day after tomorrow," but she immediately changed her mind.
b. Yesterday, Linda said that she would arrive tomorrow, but she immediately changed her mind.
c. *Yesterday, Linda said that she will arrive tomorrow, but she immediately changed her mind.

すなわち，問題の前提条件が成り立つと判断する場合，上記例文 (ic) において，等位接続詞 but の前の部分で表されている意味内容には，独立読みとしての「リンダが明日到着する」が含まれているのに対し，but に続く部分では，その部分の意味内容が否定される形となっているので，全体として矛盾する意味内容を持った文であると受け取られることになり，したがって，この文は非文法的文であると判定されることになる。
筆者の尋ねた英語母語話者の反応を示す下記 (iia, b) のような例文の場合も，同じように，問題の前提条件が成り立つことを示しているのかもしれない。

(ii) a. Sally told me that John is very depressed.　　　　　　(=10.1 節 (16c))
b. *Sally told me that John is very depressed but we found out that he has just pretended to look as if he had been so.

すなわち，例文 (iib) の場合は，John is very depressed の命題内容を真とするような前提が，文の前半部において示されているにもかかわらず，後半部においてそれが否定されるという矛盾を抱えた文であると判定されるために，この文は非文法的文となるということであろうか。
ちなみに，問題の前提を含まない下記例文 (iiia) の場合には，(iib) に対応する (iiib) の文は，自然な文として受け取られることがわかる。

(iii) a. Sally told me that John was very depressed.
b. Sally told me that John was very depressed but we found out that he has just pretended to look as if he had been so.

本文およびこの注における考察からもわかるように，問題の前提条件が成り立つような文

二重アクセス読みの可能な文の場合に，補文の持つ意味内容が真であるこ

法を持つ方言あるいは個人語が存在する一方で，そのような条件が成り立たないとする文法からなる方言あるいは個人語が存在することのようであるが，そのような方言・個人語の分布状況について，これ以上詳しいことはわからない．

　二重アクセス読みの文の格好をしていて，意味内容としても自然な文として受け取ることのできる文であるからといって，必ずしも独立読みや de re 読みが可能であるとは限らないということを示す文の例として，Gennari (2003: 43) は以下のような例文をあげている．

(iv) a. Betty told little Bill that an angel is watching him.
    (ベティーは幼いビルに天使が彼のことを見守っているよと教えた)
  b. The detective reasoned (concluded) that the murderer is still in town.
    (探偵は殺人者がまだ街に潜んでいると推論した（結論づけた))
  c. After another suspicious excuse, Hillary believed (concluded) that her husband is having an affair.
    (またもや怪しい言い訳が飛び出した後で，ヒラリーは夫が浮気をしていると信じた（結論づけた))
  d. Socrates believed that the soul is located in the stomach.
    (ソクラテスは魂が胃の中にあると信じた)

Gennari によると，これらの文は，主節の部分で表されている<u>信念の世界（world of belief)</u> においては，従属節で表されている事柄がそのまま現時点においても当てはまることを示しているとはいえ，その事柄が現実世界においても現時点で成り立つということには必ずしもならない．むしろ，これらの文は，話題となっている信念の世界での事柄が，過去の時点において成り立つだけでなく，その過去の時点から見た将来の時点である現時点においても，引き続き<u>信念の世界の中での出来事としてなら成り立つ</u>ということを表した文であると言える．したがって，二重アクセスの文における独立読みの部分が，<u>現実界での出来事と</u>して現時点において成り立つことを示しているとする「de re 分析」にとっては，上記 (iva-d) のような文の存在は問題を提起することになるであろうということを Gennari (2003: 43) は述べている．

　これらの文の持つ特徴として言えることは次のような事柄であろう．すなわち，これらの文には，本文にあげた例文 (15) に見るような，問題となっている従属節の陳述内容を明示的に否定する働きを持った言語表現が用いられているわけではないが，だからといって，それらの陳述内容が発話時点においても成り立つことを発話者自身が認めているわけでもないということを示している．これらの文は，独立読みの部分が，発話者自身ではなく，むしろ，<u>文の主節主語との深い関わりを示す働きを持った二重アクセス読みの文</u>であるということになる．この点については，さらに詳しく以下本文で取り上げることになる．

　ところで，下記例文 (va, b) に見るように，従属節が普遍的事柄を扱った内容になっている場合の動詞は，現在形・過去形いずれも許されるのに対し，例文 (via, b) のように，そうなっていない場合は，現在形動詞を用いると不自然な文になるということが Leech (2004: 109) によって指摘されている．

(v) a. Socrates said that virtue <u>is</u> knowledge.
    (ソクラテスは徳は知識なりと言った)

とが，発話者によって常に前提とされているわけではないということをはっきり述べている言語学者の一人として，上でも触れたように Pianesi (2006) をあげることができる．Pianesi は二重アクセス読みの可能な文として下記 (18) のような例文 (p. 107) をあげている．[14]

(18) Last week John said that Mary is pregnant.

さらに，その文に続けて (19) のような文を後ろに置くこともできるので，このことにより，(18) の Mary is pregnant の部分で表されている命題内容が，発話者自身によって否定されることもありうるということを説明している．

(19) Actually, he was wrong. Mary has just been overeating for the last three months.

同じような指摘を Declerck and Tanaka (1996: 287) においても見いだす

---

  b. Socrates said that virtue was knowledge.
(vi) a.?*Socrates said that he is blameless.
  b. Socrates said that he was blameless.
   （ソクラテスは自分は潔白であると言った）
ところが，上記例文 (ivd) は，文の種類としては (via) に相当すると思われるのに，ここでは問題のない文として扱われている．これはどうしてであろうか．例文 (ivd) と (via) とを同時に示されたときの同一母語話者がどのような反応を示すのかについてのデータがない限り，はっきりしたことは言えないが，少なくとも，(ivd) の例文を自然な文であると感ずる母語話者にとっては，この文が普遍的事柄を扱った文の一種として受け取ることができるということなのかもしれないと思われる．

[14] Pianesi (2006) のあげているこの例文では，先に取り上げた Abusch (1988) による例文 (14a) とは異なり，主節動詞として believe ではなく発話動詞 say を用いていることに注意したい．すなわち，注 11 でも指摘したように，文法性について問題となる可能性のある動詞 believe を避けたのかもしれないとも思われる．

なお，Abusch のその後の論文 Abusch (1997: 39f.) では，例文 (14a) (=John believed that Mary is pregnant) の文はそのままになっているが，例文 (15) に相当する文においては，下記例文 (i) に見るように，主節の動詞が believe から say に変わっているのがわかる．ただし，これが上に述べたことと関係あるのかどうかはわからない．

(i) John said two weeks ago that Mary is pregnant but actually she has just been overeating for the last three months.

ことができる．すなわち，彼らは，二重アクセス読みが可能となる文において，従属節の部分で表されている，もともとの発言者の持つ信念の世界は，ほとんどの場合，文全体の発話者自身の信念の世界に等しいので，発話者の見解を表すことになるが，ただし，それが成り立たない場合があることを，下記 (20) のような例文をあげて説明している．

(20) (Do you know what John said yesterday?) He said I *am* gay, but that's not true!

すなわち，ここでは，I am gay で表されている部分は，昨日ジョンが述べた事柄を表す世界に属すると同時に，おそらく，ジョンの現在の信念の世界を表すと言ってよいであろう，ただし，この文の発話者自身に属する世界を表現しているのではないという趣旨のことを Declerck and Tanaka は述べている．（問題となっている命題が，文の発話時点においても成り立つと言えるかどうかの問題については，後ほど第 2 節において，さらに詳しく取り上げることになるであろう．）

以上，二重アクセスにより得られる独立読みの解釈が，（常に）発話者により前提とされていると言えるかどうかの判断については，見解の相違もありうるという問題を取り上げた．次に，上記例文 (14a) に関して生じるかもしれない別の問題について考えてみることとしよう．

例文 (14a) について問題となるのは次のような場合である．すなわち，Mary's pregnancy の状態がこの文の発話時においても実際に続いているのであれば，実質的な問題は何も生じないであろうと思われるかも知れないが，Abusch (1988: 7) が指摘するように，ジョンの立場からは問題となる可能性がある．つまり，ジョンに言わせれば，「"Mary is pregnant" であるとあのとき自分が信じていたのは確かであるが，"John believed that Mary is pregnant" という形で人に伝えられるのは困るよ．だって，あのとき以降の Mary's pregnancy の状態についてまで俺が信じるかどうかなどとはいっさい俺は言ってないのだから．『今でも彼女は妊娠している』と信じているのはお前さんだろう．余計なことは言わない（付け足さない）でほしいな」のような文句が返ってくるかもしれない．

ただし，よく考えてみれば，このような文句をつけるジョンの言い分は，説得力を欠くように思われる。[15] というのも，二重アクセスにより得られる独立読みの解釈は，Declerck (1991b: 186f.), Declerck and Tanaka (1996) によると，ほとんどの場合，発話者の見解を表すことになり，したがって，

---

[15] Abusch (1988: 7) が，「そのようなジョンの言い分は弁護できるように思われる」と述べていることからすると，例文 (14a) には，「ジョンが，現在もメアリーが妊娠していると信じている」という意味解釈が成り立つと Abusch がみなしているようにも考えられ，その点で，本文で説明した立場とは異なることになる。ただし，Abusch のその後の論文 Abusch (1997: 40, 47) では，そのような立場を否定しているように読める。複雑なことには，Abusch (1997) に対する Schlenker (2004: 571) の受け取り方は，それとはまた異なり，上記の Abusch (1988) の立場は変わっていないことになるようである。ちなみに，Bar-Lev (2015: 186) は，問題の独立読みの解釈はジョンのような主節主語の見解を表すものではないということを明言している。

Ogihara (1996: 198f.) のあげている次のようなデータ，およびそれに対する母語話者の反応も参考になるであろう。まず，Ogihara は次のようなやり取りの場面を想定している。
  (i)   John and Bill are looking into a room. Sue is in the room.
    (a) John (nearsighted): Look! Mary is in the room.
    (b) Bill: What are you talking about? That's Sue, not Mary. Mary is not that tall.
    (c) John: Yeah. You're right. That's Sue.
       One minute later, Kent joins them. Sue is still in the room.
    (d) Bill (to Kent): John said that Mary is in the room.
このような状況において，(d) に見るようなビルのセリフ，John said that Mary is in the room は自然な英語表現として認められるだろうかという問いに対し，質問されたほとんどの母語話者が問題のない文として受け入れたと Ogihara は述べている。すなわち，(i) に示されたやり取りの中の (d) の段階では，もはや，ジョンは Mary is in the room という状況は成り立たないことを知っているはずであるから，やり取りの最後の部分のビルのセリフには，「Mary is in the room ということを今もジョンが信じている（思っている）」という情報は含まれていないということになるであろう。
 さらに，ビル自身も Mary is in the room ということを伝えたいわけではないのであるから，あとケントに伝えるべき有意義な情報として残るのは，「メアリーが部屋にいると（あるときまで）勘違いして，ジョンがビルにそのように伝えた」ということであろう。しかしながら，もしそういうことなら，that 節の部分は，that Mary is in the room ではなく，that Mary was in the room とすべきではないかとも推測される。大変興味深いことには，Ogihara (p. 245, note 4) によると，上記 (i) のようなやり取りを自然なものとしては受け入れないとする母語話者も少数ながらいるとのことである。おそらく，(id) の部分のビルのセリフは，このような場面での英語表現としてはおかしいという反応であろう。上に述べたような推測からすると，筆者などは，そのような人たちの反応にむしろ賛同したくなるのであ

この文の主語であるジョンに帰せられるべきものではないということになる．上で取り上げた (19), (20) の場合のように，問題の命題内容が発話者の見解であることが明確に否定されているわけではないので，この場合も，まず，発話者の見解であるということが優先的に取り上げられるであろう．（独立読みとしての解釈が，文の発話者の見解であると見るべきか，それとも，主節主語の見解でもあると見るべきかの問題について，さらに詳しくは，次節で取り上げることにしよう．）

　おそらく，主節 John believed のさらに上に隠れて存在すると考えられる別の節，すなわち，"I say to you" に相当する発話行為 (speech act) を表す節があって，その節の主語 I が，(13) の文の発話者に相当すると考えられる．このように，主節のさらに上部の位置を占める別の節があって，発話時に相当する時制要素は，その隠れた節の一部をなすと考えることができるであろう．（このようなアイデアは，発話行為の研究の中で，Ross (1970) が提案した遂行的分析 (performative analysis) に基づくものである．）つまり，上で言う「隠れた節」"I say to you" の中に現れる say に代表される「遂行動詞 (performative verb)」の持つ時制要素 (PRESENT) が，発話時を直接反映しているとみなすことになる（遂行的分析については，大塚高信・中島文雄監修『新英語学辞典』（研究社，1982）の "performative"（千葉修司執筆）の項参照）．[16]

るが，母語話者の反応は，常にこのような論理的な思考を通して引き出されるとは限らないという面もあるのであろうか．
　Ogihara (1996: 190ff.) に見られる研究は，二重アクセスの現象に de re 読みの観点から考察を加え，上に紹介したデータを含む日英語の興味深い言語現象を取り扱った重要な研究の一つと言えるであろう．

[16] 時制の一致の現象に遂行的分析を応用しようとする同じようなアイデアは，Stowell (2007: 447ff.) にも見られる．ただし，Stowell (2007: 447) によると，この場合，最上位の隠れた節には時制要素が欠けているので，むしろ小節 (small clause) に近い性質のものであるということになる．
　遂行的分析のアイデアを応用することにより説明が比較的容易となるように思われる言語事実のいくつかについては，上記『新英語学辞典』の "performative" の項の中で紹介したが，さらに次のようなものを加えることができるであろう（以下にあげる例文および解説は千葉 (2006: 29-30) による）．
　たとえば，下記例文 (ia), (iia) と異なり，(ib), (iib) の下線部は，それぞれ，「なぜメアリーが早くにパーティー会場を立ち去らなかったか」および「なぜジェニーはここにいない

このように，(13), (14a) の文により伝えられる可能性のある「彼女が今も妊娠している」という意味情報は，ジョンではなく発話者の見解を示すものとして受け取られるはずのものであるから，上にエピソード的に紹介したジョンの心配あるいは不平は，取り越し苦労に過ぎないということになるか

のか」ということに対する理由を述べているのではない．むしろ，表面上は現れていないが，まるで，(iii) の [ ] の中に示した隠れた主節 "I (can) say (to you) (that)" の部分に呼応するかのように，そのことに対する理由，すなわち，「どうして私がそのことを知っているのか」という理由を述べた文として解釈されることになる．（例文 (ia) には，いわゆる「not because の解釈」，すなわち，「メアリーが早くにパーティー会場を立ち去ったのは，ジェームズがそこにいたからではない」の解釈も可能であるが，ここで問題としているのは，それとも異なる，もう一つ可能な別の意味解釈についてである．）

(i) a. Mary didn't leave the party early, because James was there.
（なぜメアリーが早くにパーティー会場を立ち去らなかったのかというと，ジェームズがそこにいたからです）
b. Mary didn't leave the party early, because I checked.
（メアリーは早くにパーティー会場を立ち去りませんでしたよ．だって，私は自分で調べて見てわかったんだもの）

(ii) a. Jenny isn't here, for she is very busy today.
（ジェニーはここにはいません．だって，彼女は今日はとっても忙しいのです）
b. Jenny isn't here, for I don't see her.
（ジェニーはここにはいませんよ．だって，彼女の姿が見えないんですもの）

(iii) [I (can) say (to you) (that)] Mary didn't leave the party early / Jenny isn't here.

同じように，一見奇異に感じられるかもしれない下記 (iva-c) のような例文を正しく理解するときにも，下線部は，直接的には，この隠れた主節と呼応しているという説明方法が役に立つであろう．

(iv) a. Before you say anything, you have the right to be silent.
（お前が口を開く前に言っとくけど，黙っている権利があるんだよ）
b. They've lit a fire, because I can see the smoke rising.
(Quirk et al. (1972: 752))
（あ，あそこで誰か火をつけたよ．だって，煙が上がるのが見えるんだもん）
c. The people sitting on the other side of the pool are their parents—just in case you wondered. (William Harrington, *Columbo: The Hoover Files*, p. 69 (Chiever Press, 2000))
（プールの反対側に座っている人たちは彼らの両親です．あなたが不審に思われるといけないので言っときますが）

なお，下記例文 (va-c) のように，主節が疑問文になっている場合は，下線部が修飾する隠れた主節として，[I (would like to) ask you / Let me ask you] のようなものを想定すればよい．

もしれない．（ただし，ジョンの心配や不平は，ジョン自身の言語直観に基づいているということは否定できないかもしれないので，そのような言語直観の背後にある文法の中身が，方言や個人語の違いを反映して，人によって異なる可能性があるということは言えたとしても，そのような説明により，ジョン自身の抱く心配や不平を取り除くことはできないかもしれない．）

それにしても，日本語の場合，「彼女は妊娠しているとジョンは言った（／信じた）」のような文から直接的には出てこないような「現在も彼女は妊娠している」という意味解釈が，英語の文 (13)，(14a) の場合には含まれていることを知るのは，大変興味深いと言えるであろう．日本語では，このような場合，（もし，現在も妊娠しているという情報を明確に相手に伝えたいのであれば）「ところで云々」のような形の追加的コメントとして，いわば二段構えのような格好で相手に伝えることになるであろう．たとえば，「彼女は妊娠しているとジョンは言った（／信じた）．実際，彼女は今，妊娠中である」といった具合に．日英語の比較の観点から見ても，これは興味深い現象（相違点）であるように思える．

このような日英語の違いについては，三原 (1992: 45) においても指摘されている．すなわち，三原は下記例文に見るような英語の文と日本語の文を比較し，

(21) a. The astronomer discovered that the nova is visible even in broad daylight.
b. その天文学者はその新星が昼間でも見えることを発見した．

(v) a. If you're so clever, what's the answer?
(あなたがそんなにお利口なら，お聞きしますがね，その答えはなんでしょうか)
b. Is he coming to class, because I thought he was sick.
(え，彼授業に出てくるの．だって，病気だと思ったんだもん)
c. Before I continue, does anyone have any lame questions?
(話しを続ける前に聞くんだけど，誰か野暮な質問したい人いませんか)

発話行為にかかわる統語構造上の範疇として「発話行為句（Speech Act Phrase）」を取り入れた言語研究の例としては，Speas and Tenny (2003), Dejima, Nakatani and Murasugi (2009), Miyagawa (2012), Oguro (2017) などがある．

日本語の場合,「新星が発話時現在において依然として観察可能なものであっても構わないが,その解釈は決して義務的なものではない.天文学者が発見した時点では新星が見えていたが,その後消滅した場合でも (17)(=上記例文 (21b)) は十分に文法的である」ということを指摘している.なお,日本語にも英語に相当する二重アクセス読みが可能になる場合があるという説明については,Ogihara (1996: 148, note 3; 240ff.; 1999: 233) 参照.

なお,第3章第2節で取り上げた de re 読みの観点から上記の問題を捉え直して,次のような,さらなる問題提起へと結びつけていくことができるかもしれない.たとえば,英語のような時制の一致の現象が見られる言語においては,一般的に二重アクセスの現象が見られるのに対し,日本語のような時制の一致の現象が見られない言語においては,そのような現象が一般的に見られないと言えるであろうか.時制に関する類型論的考察については Ogihara (1996: 242ff.; 1999: 233ff.), Arregui and Kusumoto (1998), Kusumoto (2000), Sharvit (2003), Khomitsevich (2007), Melara (2016) 参照.

上で説明したような,関係節と補文の間に見られる違いを示す別の例として,Abusch (1988: 3) はさらに次のようなものをあげている.

(22) John talked on Tuesday to a mechanic who repaired his car
    a. on Monday.
    b. the same day.
    c. on Wednesday.

(23) John heard on Tuesday that a mechanic repaired his car
    a. on Monday.
    b. the same day.
    c. on Wednesday.

上の文は,いずれも,木曜日に発話されたものとし,しかも,そこに示されている日にち・曜日は,いずれも,同じ週の中のものを指すことにする.これらの文において,最後の部分に (a)-(c) に示したような副詞句を加えることにより,それぞれ,後方転移読み (backward shifted reading),同時読み

(simultaneous reading) および前方転移読み (forward shifted reading) の読みが明瞭となることがわかるであろう．ただし，(23c) の解釈だけは許されないので，その文だけは非文法的文となる．いっぽう，その文に対応する (22c) は文法的文となる．すなわち，(22c) のほうは，「ジョンは火曜日に修理工に話をしたところ，(その人が) 水曜日に彼の車を修繕してくれたのだった」あるいは「ジョンは，水曜日に彼の車を修繕してくれた修理工に，その前日 (の火曜日) に話をしたのだった」のような意味解釈を許す文法的文となるのに対し，(23c) は，語用論的に不自然な内容の文となる．このように，関係節の場合の前方転移読みは許されるのに対し，補文の場合はそれが許されないことがわかるであろう．

なお，日本語についても同じようなことが当てはまる．すなわち，上記例文 (23a-c) の日本語訳は，

(24)　「火曜日にジョンは，
　　　$\left\{\begin{array}{l}(同じ週の)　月曜日に／*水曜日に \\ 同じ日に\end{array}\right\}$
　　　修理工が彼の車を修繕してくれたということを耳にした．」

のようになり，英語と同じく，(23c) に相当する読みだけは許されないことがわかる．

ところで，「時制の一致」以外の現象に関することで，関係節が補文と異なる振る舞いを示す別の言語事実としては，下記例文 (Hornstein et al. (2005: 276)) に見るようなものが比較的よく知られている ($John_i$ と he_i に同じ下付き記号がついているのは，John と he が同一指示的であるという関係を表す)．

(25)　a. *Which claim that $John_i$ was asleep did he_i discuss?
　　　　　(ジョンが寝ていたという主張のうち，どれをジョン自身議論したのですか)
　　　b. Which claim that $John_i$ made did he_i discuss?
　　　　　(ジョンが行った主張のうち，どれをジョン自身議論したのですか)

すなわち，(25a) の that 節は補文の一種の内容節（あるいは同格節）となっているが，英語の言語事実としては，この場合，John と he とが同一指示的であるような解釈は許されないのに対し，関係節としての that 節からなる (25b) においては，そのような解釈が可能であるというような違いが見られる．このような場合，たとえば，例文 (25a) のように，補文が疑問詞 which claim を修飾している場合も，例文 (25b) のように，関係節が which claim を修飾している場合も，どちらも同じように，基底構造において占めていたと思われる元の位置，すなわち，動詞 discuss の目的語の位置に引き戻すことにより，John と he の間に見られる同一指示の関係が成り立つか成り立たないかを説明できるものと考えたとしよう（下記例文 (26a, b) 参照）．

(26) a. he_i discussed which claim that $John_i$ was asleep
b. he_i discussed which claim that $John_i$ made

ところで，代名詞およびその先行詞としての名詞句の間に見られる同一指示性（co-referentiality）の関係を説明する働きを持った文法規則として考えられているのは，「束縛理論（binding theory）」と呼ばれる文法理論（中村ほか (1989, 2001) 参照）である．その理論の中に含まれている原理の一つの働きにより，John のような名詞表現はそれと同一指示的代名詞により「構成素統御（c-command）」(第 14 章 (9) の定義参照) されてはならないということになる．このことにより，代名詞 he が名詞表現 John を構成素統御するという構造上の関係が見られる上記例文 (26a, b) は，いずれもこの原理に違反することとなり，その結果，そのような許されない基底構造を持つ例文 (25a, b) はともに非文法的文であるということになる．

上にも示したとおり，実際には，(25a) は非文法的文であるが，(25b) は文法的文であるという違いがあるので，上で取り上げたような，問題の二つの文が同じような基底構造を持つとする捉え方にはどこか問題があるということになる．このような問題点を克服するためのアイデアの一つとして，内容節を含む場合の文と関係節を含む文の場合とでは，その生成過程に大きな違いを認める案が提案されている．ここでは，これ以上踏み込んだ解説をする余裕はないが，詳しくは，Chomsky (2004: 117)，Hornstein et al. (2005:

276ff.），Sporitche (2006: 62ff.)，Inada (2017: §2.3.5) 参照．

なお，関係節の種類の中には，長原 (1990: ch. 4) および河野 (2012: 225ff.) が指摘するように，形式上は関係節の形をとっているが，意味的には補部として機能しているもの，すなわち，長原 (1990: 98) が「補部の関係節」と呼ぶようなものが存在する（詳しくは，長原 (1990)，河野 (2012) 参照）．そのような関係節においては，「時制の一致」はどのような振る舞いを見せるのであろうか．すなわち，関係節的振る舞いを見せるのか，それとも補文的振る舞いを見せるのか，探ってみるのも面白いかもしれない．

10.2. 独立読みが許されない場合

上の節において説明したように，例文 (18) と (19) とを組み合わせてできる下記例文 (27a) のような文の場合には，"Mary is pregnant" の部分の意味内容が，Actually 以下の説明からもわかるように，発話者自身によって否定されることになるので，独立読みとしての解釈は，前半部分においてすでに成り立っていないものと考えられる．同様のことは，下記例文 (27b) (= (20)) についても言える．すなわち，He said I am gay の部分の意味解釈の中には，"I am gay" であることを発話者自身が認めているという読みは含まれていないことになる．

(27) a. Last week John said that Mary is pregnant. Actually, he was wrong. Mary has just been overeating for the last three months.
 b. (Do you know what John said yesterday?) He said I *am* gay, but that's not true!

このような場合，Last week John said that Mary is pregnant および He said I am gay という文自体は文法的文であるが，従属節の部分で表されている命題の真偽値を真であるとみなしているのは，それらの文の発話者自身ではないということになる．それでは，そのようにみなしているのは，発話者以外の誰であろうか．上でもすでに述べたように，それは，これらの文の主節主語であるジョンであるということになる．このように，発話者以外に主節主

語も独立読みのいわば担い手になることがあるということについては，すでに第3章第3節において指摘したとおりである．すなわち，「時制の一致に従うことなく，現在時制の使用が可能となる三つの場合」として Riddle (1978) が指摘しているものを，ここでもう一度取り上げると，次のようになる．すなわち，①発話者が，問題となっている命題が真であると信じている場合，②主節部分の主語が，問題となっている命題が表す状況に現時点で深くかかわりがある場合，③問題となっている命題によって表されている事態・状況が未定の状態である場合の三つである．したがって，この二番目の場合が，上記例文 (27a, b) に当てはまると言えるであろう．

ところで，上記①の場合と②の場合の関係はどうなっているのであろうか．Declerck and Tanaka (1996: 287) が指摘するところによれば，文脈により①の場合が否定されていない限り，まず①の場合が選ばれることになる．文脈により，または語用論的観点から，①の場合が否定されているような場合は，②の場合を考えることになると言える．

上記①の場合が否定されることが文面から明らかとなる場合の別の例として，以下のようなものをあげることができるであろう（下記例文 (28a-c) は Declerck and Tanaka (1996: 291) より）．

(28)　a.　John believed that her name was/is Mary.
　　　b.　John rightly believed that her name was/is Mary.
　　　c.　John wrongly believed that her name was/??is Mary.

例文 (28b) と (28c) の違いは，前者の場合，副詞 rightly の使用により，that 節の命題内容を発話者自身も積極的に認めていることを示しているのに対し，後者の場合は，副詞 wrongly の使用により，それを発話者自身が強く否定しているという点にあると言えるであろう．上記例文 (27a, b) のような例をもとにこれまで進めてきた議論の流れからすると，上記例文 (28c) の that 節のうち，現在形動詞 is で表されるほうの命題内容を発話者自身の世界に属するものと解釈することはもはやできなくなるとしても，その文自体の持つ文法性は，過去形動詞を用いた was の場合と変わらないのではないかと推測されるはずである．ところが，実際には，問題の文には，許容度

の低い不自然な文であることを示す ?? の記号が付されているのである．上で取り上げた，独立読みが可能となる三つの場合の①の解釈が否定されるときは，②の解釈を当てはめることが許されるのではなかったのか，という疑問が生ずるであろう．これは一体どうしたことか．

このような疑問に答えてくれそうな可能性を持ったコメントが，Declerck and Tanaka (1996: 291) にあるにはあるのであるが，その論旨が筆者には十分理解できないように思える．そこで，ここでは代わりに，Kozawa (1995: 417ff.) が展開している議論が，上で取り上げた問題に関連するように思われるので，それを紹介してみたい．

Kozawa (1995: 419) は，時制の一致に関する仮説の一つ[17] として，以下のようなものを提案している（「内部話者」および「外部話者」というのは，これまで用いてきた用語で言えば，それぞれ，「主節主語」および「発話者」に相当する）.[18]

(29)　内部話者が述べている意味内容の正当性を，文の発話時点においても依然として内部話者が信じているに違いないと外部話者が信じている場合は，時制の一致（＝時制の後方転移）は起こらない．

このような仮説により説明できるデータの一部として，Kozawa (1995: 417) は以下のような例文をあげている．

---

[17] Kozawa が提案している時制の一致のシステム全体は次のような構成になっている (p. 421)．(1) まず，時制の一致に関し，以下のような無標および有標の二つの場合があることが示される．すなわち，時制の一致に従った時制パターン (Past + Past) を選ぶのが無標の選択であり，時制の一致に従わない時制パターン (Past + Present) を取るのが有標の選択となるが，この場合，異常な選択とみなされるわけではない．(2) 次に，(1) で有標とされたほうが選択される場合として，以下の二つの場合があることが示される．(a) その一つは，内部発話者によって述べられている意味内容の正当性を外部発話者が信じていることが明らかな場合であり，(b) 二つ目は，本文中に (29) として掲げるような条件が満たされた場合である．なお，上記 (2a) と (2b) の関係は，"either (2a) or (2b)" の関係である．すなわち，(2a), (2b) いずれかの条件が満たされた場合に有標の選択が許されることになる．

[18]「内部話者」および「外部話者」のことを，それぞれ，「もともとの話者 (original speaker)」および「伝達話者 (reporting speaker)」と呼ぶこともある (Declerck and Tanaka (1996) 参照).

(30) a. He believed that the earth was / ??is flat.
   b. He said that he believed that the earth ??was / is flat.

すなわち，(30a) の文においては，内部話者 (he) が that 節の命題内容を，この文の発話時においても依然として信じているかどうか，外部話者である発話者には確証がないので，上記 (29) の仮説にうたわれているような，時制の一致の起こらない場合には該当しないことになる．したがって，この場合は，時制の一致に従ったほうの動詞 was を選ばなければならないことになる．いっぽう，(30b) の文においては，その文の表す意味内容から，内部話者が that 節の命題内容を，その文の発話時においても依然として信じているものと外部話者が推測するのは容易であるので，上の仮説の条件を満たしていることとなり，したがって，時制の一致に従っていない is のほうをむしろ選ぶこととなる．[19]

---

[19] 同じように，仮説 (29) により説明できるデータとして，Kozawa (1995) は次のような例文 (ia-c) (p. 418) および (iia-b) (p. 420) もあげている．
 (i) a. He said that the earth ??was / is flat.
  b. He claimed that the earth ??was / is flat.
  c. He suggested that the earth ??was / is flat.
 (ii) a. Don't you think that Tom is a little queer? He said that he believed that the earth ??was / is flat.
   (トムはちょっぴり風変わりなところがあるって思わないかい．だって，地球は平らだと信じてるって言ったんだよ)
  b. I usually believe anything Mary says, but I couldn't believe her when she said that the earth ??was / is flat.
   (ふつうはメアリーの言うことだったら何でも信じちゃうんだけど，地球は平らだと言ったときには，さすが彼女のことを信じられなかったよ)

なお，本文の (29) にあげた Kozawa による仮説と密接に関係することとして，Huddleston (1969: 794f.) による次のような説明をここに紹介しておきたい．すなわち，Huddleston は下記例文 (iii) に関し，概略次のような趣旨のことを述べている．
 (iii) He wanted to demonstrate that the world is round.
「この例文において，round を flat に変えたとしても，おそらく，受け入れられない文になることはないであろう．というのも，現在時制を用いたからといって，問題になっている命題内容が真であるということを意味するわけではないからである．しかしながら，命題内容についての内部話者の意見に同意できないような場合に，外部話者が現在時制を用いた独立読みの表現形式をとる可能性は少ないということは言えるであろう．」

Kozawa (1995) は，下記例文 (31) (Comrie (1986) より) が示すデータも，同じようにこの仮説で説明できると述べている．

(31) a.　Yesterday, Linda said that she would / *will arrive tomorrow, but she immediately changed her mind.

すなわち，but 以下の部分の意味内容により，"she will arrive tomorrow" で示される命題内容を，内部話者はもはや信じていないということを外部話者自身が承知していることになる．つまり，上に示された仮説にうたわれている条件は満たされていないことになるので，時制の一致に従ったほうの動詞をむしろ選ぶことが期待されるという結論を導き出すことができるというわけである．

以上の考察からもわかるように，時制の一致に従わない，独立読みの解釈が可能となるための条件の一つとして，問題となっている命題内容を，内部発話者が文の発話時において依然として信じていることを，外部話者が確信できたり推測できたりするような情報が与えられていることが必要となるということを Kozawa (1995) が指摘していることになる．なお，Kozawa によるこのような条件は，上で取り上げた「独立読みが可能となる三つの場合」の二番目，すなわち，主節の主語が，問題となっている命題が表す状況に現時点で深くかかわりがある場合，をさらに厳密に定義づけたものとして受け取ることができるであろう．つまり，単に主節主語である内部話者が，問題となっている命題内容を事実として受け止めているだけではなく，さらに，そのことを発話者自身が信じていることが読み取れるものでなければならないというような条件が課せられることになる．

そこで，このようなアイデアをもとにして，上で，独立読みのほうの文が文法的文とならないのはどうしてかの問題を指摘した例文 (28c) (=John wrongly believed that her name was / ??is Mary) について，改めて考えてみることにしよう．

確かに，副詞 wrongly の使用により，この文は，"her name is Mary" とい

なお，注 17 において解説した (2a) の場合を参照．

う命題内容について，発話者自身は疑いを持っているということを表していると言える．したがって，上で取り上げた「独立読みが可能となる三つの場合」の一番目，すなわち，発話者自身が，問題となっている命題が真であると信じている場合には該当しないことがわかる．それでは，二番目の可能性，すなわち，主節主語としての内部話者がその命題を真であると信じている場合，はどうであろうか．この場合，上で見たように，さらなる条件として，「そのことを外部話者自身が信じている」という条件が課されることになるのであるから，その点がクリアされているかどうかが争点となると言えるであろう．少なくとも，この文を見る限りでは，「ジョンが間違って信じていた」と発話者が言っているその誤った信念をジョンが今でも保持しているかどうか，発話者が確信できるという保証はないように思える．したがって，この文の許容性がかなり劣ることになるということが考えられるのかもしれない．

　下記例文 (32) (Declerck and Tanaka (1996: 289) より) についても，そのような説明が当てはまる可能性があるであろう．

(32)　Medieval man wrongly believed that the earth was / ?is flat.

すなわち，「地球が平らであるということを中世人がこの文の発話時においても依然として信じている」と発話者自身が信じているかどうか，が問われることになる．ただ，過去の人である中世人のことを話題にしているだけに，この問い自身が正当な問いだと言えるかどうかという問題も絡んでくることになるので，明確な答えは出しにくい点もあるが，少なくとも，「地球が…を依然として信じている」の命題内容を発話者が信じていると断定はできないので，is を選んだほうの文の許容度は劣ることになると言えるであろう．

　ただし，この文の現在形動詞 is には＊や?? の記号ではなく，「文法性がそれほど劣るわけではない」という意味の？の記号が付されている点，説明を要するであろう．このことに関して，Declerck and Tanaka (1996: 289) は次のように説明している．まず，従来指摘されることのなかったような理由により独立読みが可能となる場合があるとして，彼らは次のような場合のことを指摘している．すなわち，普遍的真理を表す The earth is round のよう

な文は，現在時制を用いた表現にするというしきたり（convention）があり，このようなしきたりが，The teacher explained to them that the earth is round のような間接話法の文の場合にも根付いていると言えるであろう．したがって，上記例文（32）の現在形 is の場合も，このしきたりに従った表現形式をとっているので，ある程度許容可能な文であるとみなされることになる．このように，Declerck and Tanaka の捉え方によると，is を用いたほうの文がそれほど悪い文とはならないということに関して，ふつう考えられるかもしれない理由，すなわち，たとえば「中世の人々の世界では，"The earth is flat" ということが真であるとされていたから」ではなく，上記のような「しきたりどおりの表現形式をとっているから」という理由を提示しているという点で，確かに，従来指摘されることのなかった理由を思いついたと言えるのかもしれない．

　いっぽう，上記例文において，過去形動詞 was のほうが望ましいのはなぜかということについて，彼らは次の二つの理由をあげている．一つ目の理由は，時制の一致をさせた表現 was のほうが無標の形式であると言えるということ．二つ目は，現在形動詞を用いた独立読みが発話者自身の持つ世界に属するというのが，ふつうの無標の解釈であるが，この場合は，副詞 wrongly によりそれが否定されているので，もう一方の有標の解釈である，主節主語 medieval man の持つ世界に属するという解釈のほうを選ぶことになるということを指摘することができる．すなわち，is のほうを選ぶとなると，有標の解釈をしなければならなくなる．したがって，有標の選択の絡むことになる is よりも，無標の選択と言える was を用いるほうが望ましいということになる．

　なお，上で取り上げた例文（27a, b）（下に，例文（33a, b）として再録），これは，「発話者自身が，問題となっている命題が真であると信じている場合」には該当しないことが文面上明らかだと考えられる例であったが，この例文の場合も，Kozawa の提案している仮説（29）が有効であることを示していると言えるであろう（第3章第1節の注8の中で取り上げた例文（iib）も，比較のため，下に（33c）として再録しておこう）．

(33) a. Last week John said that Mary is pregnant. Actually, he was wrong. Mary has just been overeating for the last three months.
   b. (Do you know what John said yesterday?) He said I *am* gay, but that's not true!
   c. He said three years ago that he felt that the earth {was / ??is} flat.

すなわち，そこに用いられている下線部の副詞的表現の違い（すなわち，比較的最近のことと言える last week / yesterday と，かなり以前のことと言える three years ago との違い）からもわかるように，例文 (33c) の場合と異なり，例文 (33a, b) の場合は，内部話者の John が，話題となっている命題内容を発話時においても依然信じているであろうと発話者自身が推測するのは比較的容易であると考えられる．つまり，独立読みの可能となる三つの場合の二つ目の場合に該当することになり，したがって，例文 (33a, b) は自然な文であるということになる．

第3章第1節の注8でも述べたように，とくに時制の一致に関する言語事実そのものの見極めがかなり厄介だという問題もあり，さらに，人により文法性の判断基準にかなりの違いが認められるような言語事実に関するデータを前に，そこから整合性をもたせた統一的説明を考えようとするのは，かなり難しい点もあるのではあるが，上でこれまで検討してきたような原理・原則が背後に働いていると見るのは，おおむね妥当だと思われる．[20]

ここで，日本人英語学習者にとって習得するのがかなり難しいように思わ

---

[20] 時制の一致に関する原則は，個人個人の持つ信念の体系（belief system）とも密接に絡んでくるので，関連する例文についての文法性判断についても，個人個人でかなりの差が生ずることは避けられないという趣旨のことを Kozawa (1995: 424) は指摘している．このことは，言語使用者が「時の概念」をどのように把握しているかについて見られる違いとも関連する（Declerck (1995: 5)，Declerck and Tanaka (1996: 292) 参照）ことになるであろう．

Kratzer (1998: 36) が下記例文 (i) をあげて，時制の一致の見られないこの文を非文法的ないし不自然な文であると判断する母語話者が大勢いる一方で，この文を受け入れる人もかなりいることを指摘しているのも，このような事情によるのであろうか．

(i) The ultrasound picture indicated that Mary is pregnant.
（超音波診断写真は，メアリーが妊娠していることを示していた）

れる例文で，Declerck and Tanaka (1996: 288, fn. 6) が取り上げている下記例文 (34a, b) について考えてみることにしよう．これは，もともと Allen (1966: 189) の指摘している非文法的文に基づいている．

(34) a. Didn't you know I had come / *have come?
 （私が来たのを知らなかったんですか）
 b. They told me you were / *are here.
 （あなたがここにいらっしゃると教えてもらいました）

例文 (34a, b) の意味内容からすると，"I have come" および "you are here" ということを外部話者は知っていると思われる．また，この文の発話時において，内部話者自身も，(34a) の場合は明らかに，また (34b) の場合はおそらく，それを知っているものと考えられる．したがって，上で取り上げた，独立読みが可能となる最初の二つの場合のいずれもが，あるいは，少なくとも第一番目の場合が当てはまるものと推測されるので，いずれにしても，時制の一致を受けない表現 "I have come" および "you are here" を選ぶことは許されるはずである．ところが，事実はそうなっていないようである．これは，どうしてであろうか．[21]

---

[21] 例文 (34b) において，were を用いたほうの文 They told me you were here と類似した文である I did not know that you were here (cf. 第 8 章 (2)) について，どうして過去形を用いた文が許されるのかについて，Reichenbach (1947: 293f.) は次のように説明している．すなわち，「あなたがここにいる」ということを「私がまだ知らなかった」その過去の時点において，"you were already here" という事実がすでに成り立っているような状況のもとでのみ，この文を自然な文として用いることができる．同じように，They told me you were here の文についても，「あなたがここにいる」ということを彼らが私に教えてくれたときには，すでに "you were here" という状態が成り立っていたことを意味することになると言えるであろう．

なお，Reichenbach (1947: 293) はまた，このような文は，I did not know that you would be here のような文の過去形動詞の場合とは異なるところがあるということも指摘している．確かに，would be here の場合には，「私がまだ知らなかった」その過去の時点において，"you were / are already here" という事実がすでに成り立っているとは言えないという違いが見られることになるであろう．でも，もしそうなら，you were here と同じように，would be here の場合にも過去形が許されるという事実に対しては，同じ説明が当てはまらないことになるのではないかという疑問が生ずるかもしれない．おそらく，上記のような一般化を

その答えとして，Declerck and Tanaka (1996: 288, fn. 6) は次のように説明する．すなわち，上記例文 (34a, b) のような場合，"I have come" および "you are here" であることを主張したり，現在もその命題内容が真であることを伝えようとすることに対する「なんら積極的理由が示されていない」ので，これらの表現は許されない，ということになる．言葉を変えて言うと，問題の文の使用されている状況，すなわち，話し手としての私が今ここにいて，聞き手としてのあなたも今ここにいるという状況，を考えてみれば，"I have come" および "you are here" であることはまったく明らかなことなので，わざわざ，そのようなことを伝えようとする理由は見出されない，ということになる．

いっぽう，次にあげる例文 (Declerck and Tanaka (1996: 288, fn. 6) より)[22] の場合は，時制の一致に従った言い方と同様，従わないほうの言い方も自然な文となるようである．

(35) a. Didn't you know that Percy had lost / has lost a tooth?
    b. They told me that Mr. Puddleditch was / is in Europe.

その理由は，「パーシーの歯が一本欠けた」こと，「パドルディッチが現在ヨーロッパにいる」ことは，この場合わかりきったことではないと思われるので，それを相手に伝えようとすることには，それなりの積極的理由があることになると言えるであろう．

Reichenbach が思いついたときには，助動詞 will の場合をも含めた形での一般化を考えていたわけではないように思われる．

以上説明したように，They told me you were here / I did not know that you were here などの文の場合，過去形動詞を用いることには，それなりの理由があるようにも思えてくるのであるが，ただし，その一方で，本文中で次に取り上げる例文 (35a, b) に見るように，現在形・過去形のいずれも許されるという英語の事実を示されると，筆者などは，英語母語話者並みの言語直観が身につくまでには道遠しの感がますます強くなるのを覚える．

[22] 例文 (35a, b) は Allen (1966: 189) のあげている下記例文 (ia, b) にそれぞれ基づいている．

(i) a. Did you know that Percy has lost tooth?
   b. They told me that Mr. Puddleditch is in Europe.

このように，Declerck and Tanaka (1996) の場合には，時制の一致に従わない独立読みが可能となる条件として，「伝達しようとしている内容が，内部話者のかかわる世界のみならず，外部話者のかかわる世界においても，ともに当てはまるということを，外部話者が示すに足るだけの何か積極的理由が見出されるときのみ」(p. 288) をあげているのである．この条件は，上で取り上げた「独立読みの可能となる三つの場合」の最初の二つを合体させ，さらに，積極的理由云々の条件を加えたものに相当するのではないかと思われる．

ただし，上に紹介したような条件は，そのままの形では強すぎると思われるので，これまでにすでに取り上げて話題にした「外部話者の見解であることが文面上明確に否定されている」ことを示す文の場合には，うまく当てはまらないことになるであろう．そのことを示す具体例としては，第1節で取り上げた (15), (20) の例文（それぞれ，(36a, b) として下に再録）を指摘することができる．さらに，Declerck and Tanaka (1996: 299) のあげている下記例文 (36c, d) も，同じようなデータとみなすことができるであろう．

(36) a. John believed that Mary is pregnant but actually she has just been overeating.
   b. (Do you know what John said yesterday?) He said I *am* gay, but that's not true!
   c. Jim said Jane is his eldest sister, but that's a lie.
   （ジムはジェーンが自分の一番上の姉であると言ったが，それは嘘である）
   d. The janitor claimed I often give parties at night, but that's not true!
   （管理人は私が夜にしばしばパーティーを開いていると主張したが，それは本当ではない）

すなわち，上記例文は，いずれの場合も，伝達されている内容の正しくないことを外部話者が主張していることを表すような文となっているので，上で問題にした条件は満たされていないことになるであろう．それにもかかわ

らず，これらの文は自然な文であるという矛盾が生じることになると言えるであろう．したがって，いつでもこのような条件が成り立つものとして述べることは，Declerck and Tanaka (1996: 288) の本意ではないのではないかと思われる．

このように，少なくとも，彼らの説明を文字どおり解釈すると，上でまとめたようなことになるであろう．いっぽう，注17に示したKozawa (1995) の提案している時制の一致のシステムの場合は，そこですでに指摘したように，(2a) の場合と (2b) の場合との論理関係が "either (2a) or (2b)" の関係になっているという点で，先に見たDeclerck and Tanakaのものとは異なると言える．すなわち，Declerck and Tanakaの場合は，問題の論理関係は，"both (2a) and (2b)" の関係（つまり，二つの条件 (2a), (2b) がともに満たされなければならないという関係）になっているということになる．この後者の提示している条件には，さらに，上に述べた「積極的理由云々」の条件が加わった形になっているので，その点においても，両者の提示している条件には違いが認められるということになる．

独立読みが可能となる条件をいくつかの要因に分解して，それらの要因を並べて比較してみると，これまでに提案されてきた，細部は違って見えるいくつかのアイデアの間には，共通の要因もいくつか見いだすことができるようである．それらの要因同士がどのような論理関係で結ばれているのか，あるいはまた，さらなる別の要因も関係していると見るかどうかに関し，上でも指摘したように，いくつかの組み合わせ方が考えられるということではないだろうか．

英語の母語話者の習得している内在化された文法（internalized grammar）の中の，とくに時制の一致に関する部分がどのような世界になっているのかは，上に示したようないくつかの要因の組み合わせ方が，一人ひとりの母語話者の信念の世界あるいは時の概念についての捉え方とも結びついているということもあり，どこか人により異なるのかもしれないと思われる．すでに，同じような趣旨のことを上で説明したが，提示される具体的文を前にした母語話者の示す文法性についての反応が，人により異なる部分がかなり見られるように思われるのも，この辺の事情を反映しているのかもしれない．

ここで，この節での議論に関し重要だと思われることを付け加えておきたい．それは，文法の中の時制の一致のシステムに関する部分がどのような姿になっているのかの問題ともかかわることである．時制の一致に関する従来の研究が，主に，時制の一致に関する文法的規則に対する例外となる場合をあげ，その理由を指摘するような捉え方をしてきたと言えるであろう．それに対し，Declerck and Tanaka (1996) の場合には，時制の一致に従わない独立読みの解釈が可能となる一般的条件が満たされているのに，実際にはそのような解釈が困難となるような，あるいは，それが妨げられるような要因があるということに注目し，そのような要因は何かという問題に焦点を絞った捉え方をするのがその特徴であると言える．

　そのように，時制の一致に関する文法規則を主とする形式的な分析（formal analysis）によらずに，むしろ，この場合，有標的言語表現であると考えられる現在形の使用[23] を妨げる要因は何か，という問題追求のやり方に訴えるほうが望ましいと考えられる理由として，Declerck and Tanaka (1996: 289) は次のような点を指摘している．すなわち，有標的形式と考えられる現在形の使用を妨げる要因を追求するほうが，一般的に「有標なものは制約を受ける」とする自然なものの見方に合致することになるからであるということになる．

　このような方針に沿って，問題となるさまざまな要因を取り上げ，これをとくに意味論的・語用論的制約としてまとめるとともに，時制の一致にかかわる現象のうち，とくに独立読みの解釈に関する興味ある言語事実をいろいろ指摘しているのが Declerck and Tanaka (1996) の特徴であると言えるであろう．彼らの指定しているさまざまな要因の中には，意味論的・語用論的制約にとどまらず，ほかに，統語的規則，コミュニケーション構造（communication structure）や文脈とのかかわりを持つものなどもある．上で取り上げた積極的理由云々の条件も，そのような制約・要因の一つである．（なお，定形節補文をとる動詞の下位分類をもとに，独立読みが可能・不可能となる場合の違いについて説明しようとする試みの一つとして，梅原 (2005)

---

[23] 第 3 章注 4 にあげた例文 (ii) についての Declerck (1999: 490ff.) の説明参照．

をあげることができる。)

　Declerck and Tanaka のあげている要因のいくつかを，これまで本文および注の中で，いくつか部分的に紹介してきたことは，読者もすでにお気付きであろう。独立読みの解釈に関する興味ある言語事実の一つとして，Declerck and Tanaka (1996: 292) が指摘しているものを，あと一つだけここに紹介しておこう。それは，下記例文 (37) に見るような言語事実である。

(37)　a.　John said that Bill was/is ill.
　　　b.　John said that he was/?is ill.

　すなわち，例文 (37b) (ただし，John と he とは同一指示的であるとする) の場合，that 節の部分は，直接話法の "I am ill" に相当する，内部話者自身についての事柄を表しているので，「個人的」状況 ("private" situation) についての記述であると言える。いっぽう，例文 (37a) の that 節の場合は，そのような個人的状況についての記述ではない。このことが，現在形動詞 is を用いたときの (37a, b) に見る許容性の違いとなって現れていると考えられる。すなわち，自分自身にかかわる事柄についての個人的記述となっている that 節の中では，現在形の使用は許容されにくいところがある。どうしてそのようになるのかに関して，Declerck and Tanaka は以下のように説明する。すなわち，文の中に述べられている陳述内容が，個人的なものであればあるほど，その陳述は内部話者にかかわる領域・世界においてのみ当てはまる可能性が高いことになり，したがって，その陳述を外部話者にかかわる領域・世界にも当てはまるものとして表現すること (すなわち，現在形動詞を用いること) に妥当性を見出す可能性も，それだけ低くなる。

　なお，このことに関し，状況によっては下記例文に見るように，現在動詞の使用が，(37b) と比べてもっと自然な文を生み出すこともあるとして，Declerck and Tanaka (1996: 293) は以下のような状況で用いられる文法的文のことを指摘している。

(38)　John said that he is ill and that he cannot attend tomorrow's meeting because of that.

(ジョンは現在病気で,そのため,明日の集まりには出席できないと言った)

つまり,このような場合は,「ジョンが病気である」という陳述を,外部話者自身の世界にかかわるものとして表すことに妥当性が認められるということになる.

第 11 章

名詞表現に見られる時制の一致

　前章で取り上げた話題のうち，主節内の時制と関係節内の時制によって表される出来事の時間的前後関係について，ここでは，少し違った観点からこの話題を補足してみることにしよう．主節内の時制によって表される出来事より，関係節内の時制によって表される出来事のほうが後にくることを示す例の一つとして，以下のようなものを加えることができるであろう．

(1) The state's oldest Catholic Church commemorates a largely forgotten <u>fight</u> for religious tolerance that gave Catholicism its foothold in New England. (*The Boston Globe,* "Today's Headlines," 28 May 2017 <http://www.bostonglobe.com>)
（マサチューセッツ州で最も古いそのカトリック教会では，宗教上の寛容さを求めて繰り広げられた戦い——その戦いの結果，ニューイングランドにおけるカトリック教の基盤を築くことができたのであったが——今では大部分忘れられてしまったその戦いを記念した催しが執り行われようとしている）

　この文は「宗教上の寛容さを求めて戦いが展開された」結果，「カトリック教の基盤を築くことができた」というような，二つの歴史的出来事の時間的前後関係を表していると解釈できる点で，前章で取り上げた例の一つと言えるが，これまでの例とは異なるところがあることを指摘することができる．す

なわち，上記意味内容としての「展開された」に相当する部分は，動詞句 "fought for ..." ではなく名詞句 "a largely forgotten fight for ..." によって表されているという点である．したがって，関係節内の動詞 gave が持つ時制要素と，名詞 fight の背後にある時制要素との間に時制の一致に関する呼応関係が見られることを指摘することができる．つまり，このような名詞表現の場合にも，動詞の場合と同じように，時制の一致が働くことがあるということを指摘することができるということである．

このような「名詞表現に見られる時制の一致」の現象を示す別の例として，次のようなものをあげることができる．[1]

(2) a. Mary's announcement that she was pregnant is irrelevant now.
   （妊娠してますというメアリーの公表も今では見当違いだったことがわかっている）
  b. Everybody knows John's earlier claim that Mary would win the

---

[1] 例文 (2a, b) は，Abusch (1988: 10) に引用されているもので，Abusch によると，もともと，Irene Heim が Toshiyuki Ogihara に同種の例文のことについて情報提供したものに基づいているようである．例文 (2b) は Ogihara (1988) からの引用であると Abusch は断っている．同種の例文および解説については，Ogihara (1989: 130ff.; 1996: 131ff.) 参照．

Abusch (1997: 29) においては，次に示すような例文も取り上げられている．
 (i) I know that Mary was a strange child. But her desire to marry a man who resembled her is really bizarre.
   （メアリーが変わった子供だったことは私も知っている．でも，自分とよく似た男と結婚したいというメアリーの願望ばかりは，まったく突拍子もないと言えるであろう）

すなわち，Abusch の説明によると，この例文においては，文脈からまず her desire には過去時制が含まれているということが理解できる．さらに，この過去時制と her desire の補文内の時制との間に時制の一致が働く結果，動詞 resembled に見られる過去時制が生み出されるということになる．

いっぽう，Khomitsevich (2007: 66, 84ff.) は，上記例文 (i) の her desire の補文の内部には（ふつう，時制の一致の起こらない）関係節が含まれているという点を重視し，その内部に見られる過去形動詞 resembled は，時制の一致によるものではなく，「過去から見た未来 (the future seen from the past)」の用法によるものであるとみなしている（この用法について詳しくは，第1章参照．そこでは，「過去における未来」や「過去において予定された未来」のような名称が紹介されている）．

prize.

　　　（メアリーがその賞を取るとジョンが以前主張したことについては，誰もが知っている）

　すなわち，上記例文においては，名詞表現 announcement, claim の背後にある動詞 announce, claim が持つ過去時制要素と that 節の中のそれとの間に時制の一致が働いていると説明することができるであろう．あるいは，第4章第1節の注3において部分的に触れた Ogihara (1996: 131ff.) のアイデアに従って，過去時制要素 Past ならびに現在完了形の場合と同じように，announcement, claim などの名詞表現自体が，このような場合，統語素性として [+past] を持つと考えることにより，名詞表現に見られる時制の一致の現象を説明することも可能であろう．（なお，ソマリ語 (Somali) や（セイリッシュ語族の）ハルコメレム語 (Halkomelem Salish) に見られるように，名詞表現の中に時制に関する情報が形態的に現れるような言語があることが知られている (Pesetsky and Torrego (2001: 365ff.), Wiltschko (2003), Lecarme (2004), 今西 (2017: 250) 参照)）

　名詞表現の中に潜む時制の問題ということで言えば，時制の一致の例ではないが，それでも同じように興味深い例として，以下のようなものを指摘することができる．すなわち，Abusch (1988: 9) は，Enç (1986: 409) が指摘している下記例文 (3) を取り上げ，名詞表現 every fugitive の中に過去時制が潜んでいると考えられるということを説明している．

　(3)　Every fugitive is now in jail.
　　　（かつての逃亡者は，今や一人残らず投獄されている）

　すなわち，この文の every fugitive は，individuals who are fugitives now（現在 fugitive である者）ではなく，individuals who were fugitives（かつて fugitive だった者）ととるのが自然な読みとなる．[2]

---

　[2] 例文 (3) の every fugitive を "individuals who are fugitives now" ととるのは意味的に矛盾した解釈になるので，この場合は，過去時制と関連づけた解釈のみが許されるということを明確に述べているのは，Frawley (1992: 375), Giorgi and Pianesi (1997: 19f.), Ogi-

上に述べたような言語事実について，読者の中には，下記例文 (4a, b) を含む同種の例文をもとに興味深い議論を展開している Bach (1968) の研究を思い浮かべる向きもおありかもしれない．

(4)　a.　I spoke to the anthropologist.
　　　　（私はその人類学者に話しかけました）
　　b.　I spoke to the one who was an anthropologist.

すなわち，上記例文 (4a) の中の名詞表現 the anthropologist には，主節の動詞 spoke の持つ過去時制との関連から，例文 (4b) に見るように，過去時制が潜んでいることになり，したがって，その二つの時制の間に時制の一致が見られると言えるかもしれない．

さらに，その anthropologist は，この場合，the one who had been an anthropologist でもなければ，また the one who will be an anthropologist でもないということも指摘できるであろう．すなわち，その名詞表現の中に潜む過去時制を $Past_1$ とし，動詞 spoke の持つ過去時制を $Past_2$ とすれば，その二つの Past の間に見られる前後関係は，$Past_1 \approx Past_2$ のように表記することとなり，$Past_1 < Past_2$ や $Past_1 > Past_2$ ではないということになる（$\approx$, $<$, $>$ の記号については，第 10 章参照）．

名詞表現に潜む時制の問題については，さらに Musan (1995, 1997, 1999)，Pesetsky and Torrego (2004)，Merchant (2014)，今西 (2017) などが参考になるであろう．

---

harahara (2003: 567)，Bhatt (2006: 72) であるが，いっぽう，Musan (1995: 14)，Binnick (2012) は，いずれの解釈も許されるというような捉え方をしているようである．

第 12 章

Higginbotham (2009) による時制の一致のシステム

　第 3 章および第 6 章において取り上げた状態動詞に関する条件をも加味し，さらに，第 10 章において考察した，関係節と補文に見られる違いについての観点をも取り入れて，時制の一致の現象を大きく捉えてまとめようとする試みの例として，ここでは，Higginbotham (2009) の場合を紹介してみたい．

　Higginbotham (2009: 166) は，英語に見られる時制の一致の全体的システムを，次に示すようないくつかの基本的命題の形でまとめている．ただし，この基本的命題の中には，完了形と進行形にかかわるものは含まれていない．

(1) 　∅. 発話時は主節においてデフォルト値としてあらかじめ設定されている．
　　 I. 時制は二つの部分から構成されていて，≈, <, > の三つの関係 (それぞれ「〜と同時」「〜より前」「〜より後」を意味する) のいずれかで表される．
　　 II. 照応的過去時制要素 (+Past) は次の (a), (b) のいずれかである：(a) 主節の時制要素と照応されるが，意味解釈上は −Past として働く；(b) < の関係を表す過去時制として解釈される．

((a), (b) の過去時制をそれぞれ B-Past（B 過去）および A-Past（A 過去）と呼ぶ.）B 過去の先行詞は+Past でなければならない．B 過去の現れる従属節自体は状態を表すものとなっていなければならない．

III. もとからの時制要素−Past は+Past と照応関係を結ぶことができない．
IV. 補文の中の補文標識 C の位置を占める時制要素は，常に照応的働きを持つ．このような場合，屈折辞 I の一つのコピーが補文標識 C の位置に義務的に移動されることになる．I および C の位置を占める時制要素はともに解釈されることになる．

基本的命題∅は発話時に関するものであるが，ここで，「主節において」と言っている部分は，原文では "root clauses"（= root sentences（根文））となっているものを便宜上「主節」と言い換えてある．厳密にいえば，第 10 章で説明したように，主節のさらに上部の位置を占める「隠れた節」があって，発話時に相当する時制要素は，そのような隠れた節の一部をなすと考えることもできるであろう．

基本的命題 I の中に示されている，二つの時制要素の間に見られる三つの時制関係（≈, <, >）については，それを取り入れた具体的文について解説を行った第 10 章を参照．

基本的命題 II は，主節動詞が過去時制で，従属節が状態を表す内容となっているときに時制の一致の現象が生じることを説明している．その場合，従属節の過去時制要素+Past には次の (a), (b) 二つの解釈が可能となる．すなわち，(a) 主節の+Past と照応され（リンクされ）る結果，実質的には−Past の意味解釈が与えられ，B 過去と呼ばれる場合と，(b) 時間的に主節の過去時制よりさらに前であるとする意味解釈が与えられ，A 過去と呼ばれる場合の二つである．（A 過去と B 過去の用語については，第 4 章第 1 節参照.）

基本的命題 III は，上記の基本的原理 II の働きにより，+Past から−Past に変更されたようなものは除き，もとから−Past となっているような時制要素に対しては時制の一致が適用できないことを表している．

基本的命題 IV により，すでに，第 10 章において解説したような「二重アクセス読み」としての意味解釈が得られる仕組みを説明できることがわかるであろう．すなわち，LF において補文の中の現在時制要素 I が補文標識 C の位置にコピーされると，二つのコピーが生ずることになる（第 10 章第 1 節参照）．C の位置を占める I のコピーは，その位置から発話時に結びつけることが可能となり，その結果，「独立読み」としての意味解釈が得られることとなる．いっぽう，元の位置を占める I の働きにより「同時読み」としての意味解釈が得られることになる．なお，基本的命題 IV が当てはまるのは，補文の場合であるということがそこにうたわれているので，そこから，関係節の場合には適用されないということを推論的に読み取ることができるであろう．関係節の場合は，時制要素はもともとのものがそのまま生かされることとなり，一般的に，時制の一致を受ける必要はないと言える．このことは，すでに第 10 章第 1 節において具体例をあげて説明したとおりである．[1]

　上で解説した Higginbotham による基本的命題の提示は，広い視野からの時制の一致現象を捉えようとする理論的研究の成果の一つと言えよう．このような基本的命題により，これまでの章で取り上げてきた時制の一致の現象に関する主要な部分はほぼカバーされることになると言えるであろう．しかしながら，時制の一致を引き起こす主節動詞の持つ特徴として，「叙実的動詞」（形容詞も一部含まれるので「叙実的述語」とも言う）および「発話動詞」が大きくかかわるということについては，これまで部分的にしか触れる機会がなかった．次章では，この点から見た時制の一致の特徴について議論を進めていきたい．

---

[1] Ogihara (1996: 191ff.) は，下記例文 (ia, b) に見るように，関係節の時制が現在時制となっている例文の場合も，二重アクセス読みの可能な文として位置づけ，独立読みとしての意味解釈がどのような仕組みで得られるようになるのかを説明している．詳しくは Ogihara (1996: Ch. 6) 参照．

(i) a. John looked for a student who lives in Tokyo.
　　　（ジョンは東京に住んでいる学生を一人探していた）
　　b. John suspected that a man who is trying to kill him was behind the door.
　　　（ジョンは彼を殺そうとしている男がドアの後ろに潜んでいるのではないかと思った）

第 13 章

動詞の持つ意味特徴とのかかわり

13.1. 発話動詞と叙実的動詞

第 10 章にあげた例文 (13) (=John said that Mary is pregnant.) に見るように，主節の動詞が発話動詞 (saying verbs, verbs of saying) の場合には，一般的に「二重アクセス読み」の解釈が可能となるので，その二つの解釈の一つである独立読みも許されるということについては，これまでに説明したとおりである．

ただし，独立読みが可能となる別の場合として，一般的に叙実的動詞 (factive verbs) が用いられている場合をも含めることができるということが知られている．たとえば，Smith (2009: 117) によると，独立読みが許されるのは，叙実的動詞 (e.g. bear in mind, care (about), comprehend, deplore, forget (about), grasp, ignore, make clear, mind, resent) ないし発話動詞 (e.g. announce, mumble, mutter, report, say, scream, shout, shriek, tell) の場合である．したがって，そのどちらの種類の動詞にも属さない fear や think の場合には，独立読みが許されないので，下記例文 (1a, b) のように，時制の一致をさせない文は，明らかに奇妙な文となるということを Smith は指摘している．[1]

---

[1] 発話動詞と叙実的動詞の場合に独立読みが許されるという事実を指摘している言語学

(1) a. *Mary feared that Bill is sick.
　　b. *The family thought that the money is safe.

このように，主節動詞の種類によって，独立読みの可否や，時制の一致適用の可否が左右されるというような考察は，Costa (1972) および Higginbotham (2009: 93ff.) にも見られる．まず，前者についての解説としては，荒木・安井 (1992: 1349-1351) および安藤 (2005: 696-698) がよくまとまっていて参考になると思われる．ここでは，荒木・安井 (1992) による解説の一部 (p. 1350) を，少々長めではあるが，読者の便宜を図って下に引用しておこう．

> 時制の一致の有無は従属節の内容だけでなく，主節動詞の種類にも関係することがある．Costa (1972) によれば，'that' 節 (that-CLAUSE) をとる述語動詞のうち，次の i に挙げるようなものでは一致が随意的であるのに対し，ii に挙げるものではそうではなく，一致を義務的に要求するという．i) Bill forgot (or mentioned, regretted, realized, discovered, showed, noticed, was amazed, was concerned, said, reported) that coconuts grew (or grow) high up on trees. ii) a) Bill knew (or was aware, thought, believed, imagined, figured, dreamed, wished, hoped, alleged, insisted, quipped, snorted, whispered) that the new President of Korea was [cf. *is] really a KCIA agent. b) It seemed (or was likely, was possible, was unfortunate, was a fact, was true) that the new President of Korea was [cf. *is] really a KCIA agent. i 類には多くの叙実的述語 (FACTIVE PREDICATE) と，say を初めとする一般的な発話動詞 (VERB OF SAYING) が入る．ii 類の a には，know や be aware など若干の叙実的述語が入っているものの，ほとんどは think を初めとする思考動詞 (VERB OF THINKING) や wish などの願望を表す動詞，それに whisper などの

者として，Smith (2009: 117, fn. 13) にもあるように，Ejerhed Braroe (1974) をあげることができる．

発話様態動詞（MANNER-OF-SPEAKING VERB）である．また ii 類の b は，いわゆる仮主語の it をとる述語である．

ただし，Costa のこの分類は絶対的なものではなく，一応の目安と考えるべきである [Costa 自身も，方言によりある程度の違いが認められるということを断っている（一千葉）]．というのは，Costa が ii 類に分類している know, be aware, think, believe などについては一致の起こっていない例もあるからである: I didn't know that our meeting is next Tuesday.—[Quirk et al., 1985] / She was not aware that those woolen clothes always shrink in the wash. （そういう毛の衣料品は洗うと必ず縮むことを知らなかった）— [江川, 1964] / They thought that prison conditions have improved.—[Quirk et al., 1985] / It was firmly believed that the frontal region is the seat of the highest intellectual processes.— Ellis [Jespersen, MEG]（前頭部が最も高度な知的作用をつかさどるところだと堅く信じられていた）．いずれにせよ，一致が随意的か義務的かについては，伝達者としての話し手の発話時における判断が 'that' 節内に介入すること [すなわち，「独立読み」の解釈をすること（一千葉）] が，主節動詞の意味との関係において，許されるかどうかという点にもかかわってくるといわれている．

上記引用箇所において，i 類および ii 類 として分類されているものは，Costa (1972: 46) では，それぞれ，"A-VERBS" および "B-VERBS" の名で分類されている．なお，上でも触れられているように，Costa のこの分類は絶対的なものではないということに関し，Huddleston (1969: 795) による以下のような指摘も参考になるであろう．すなわち，Huddleston は下記 (2a-c) のような例文をあげ，「it appeared に続く補文の中を独立読みの現在形にしたような文で，自然な文になるような例をほとんど思い浮かべることができないが，いっぽう，例文 (2a, b) の動詞 know, think のような場合は，現在形が不自然になるという制約は，it appeared の場合と比べると，それほど一般的に当てはまるわけではない」という趣旨のことを述べている．

(2) a. I knew you were't English.

（あなたが英国人ではないということは存じておりました）
　b. I thought we weren't allowed to smoke.
（タバコを吸ってはいけないのだと思っていました）
　c. It appeared that she was unreliable.
（彼女は信頼のおけない人のように見えました）

　次に, Higginbotham (2009: 93ff.) による解説に話を移すとすると, 彼の場合は, Giorgi and Pianesi (1998) に基づいて, イタリア語に見られる同じような現象について解説したものとなっている. その一部については, すでに第10章において取り上げたが, ここでもう一度, その概要をまとめてみよう. すなわち, イタリア語においては,「二重アクセス読み」と補文標識の消去可能性との間に相関関係が見られる (Higginbotham (2009: 99)) ので, 二重アクセス読みが可能となるのは, 一般的に, 発話動詞など, 補文標識の消去を許さないような動詞の場合に限られることになる. たとえば, 第10章で取り上げた例文 (14)（下に例文 (3a) として再録）に相当するイタリア語の文（下記例文 (3b)）の場合は, 補文標識の消去が許されるので非文法的文（ないしは, かなり不自然な文）となる.[2]

---

[2] 二重アクセス読みの可能となる（したがって, 補文標識消去の許されない）イタリア語の例としては, Pianesi (2006: 112) のあげている下記例文 (ia) を参照.
　(i) a. Gianni ha detto che Maria è incinta.
　　　　Gianni has said that Maria is pregnant
　　　　'Gianni said that Maria is pregnant.'
　　b. Gianni ha detto *(che) tu eri arrabbiato.
　　　　Gianni has said (that) you were (IND) angry
　　　　'Gianni said that you were angry.'
上記例文 (ib) は, 補文の動詞が過去時制になっているので, 二重アクセス読みの例とはならないが, ここでは, この文は, *(che) の表示により,「義務的な補文標識 che を用いない場合は非文法的文となる」ということを示す例として用いられている. そこに用いられている IND の記号は, その動詞が直説法 (indicative) 動詞であることを示す. なお, イタリア語においては, 二重アクセス読みの許される場合は, 典型的に, 仮定法の動詞ではなく直説法の動詞を用いた場合であることが知られている (Pianesi (2006: 112) 参照). したがって, 上記例文 (ia) では, 直説法動詞 è 'is' を用いているので, 文法的文となっているのに対し, 本文中の例文 (3b) は,（動詞 credeva 'believed' により認可される, あるいは, 要求される）仮定法動詞 sia 'be' を用いているので, 二重アクセス読みが可能となる条件を満たし

(3) a. John believed that Mary is pregnant.　　　　　(=10.1 節 (14a))
　　b.??Gianni credeva (che) Maria sia incinta.

　さらに，Higginbotham (2009: 99) によると，英語の文 (3a) についても，その文法性について尋ねてみた英語母語話者の中に，文法性が低いと答える人が何人かいるので，もし上の説明が正しいとすると，この説明は，イタリア語の場合だけでなく通言語的に (cross-linguistically) 当てはまると言えるかもしれないということになる．[3]

　ただし，英語については，独立読みの許される場合の主節動詞は，補文標識 that の消去を許さないような種類の動詞であるというような一般化が可能なのかどうか，はなはだ疑問である．というのも，まず，tell, report, say などの発話動詞の場合は，独立読みが許されるとしても，これらは that 消去の許されない種類の動詞ではないということがある．いっぽう，次のように，それとは逆の場合も指摘できる．すなわち，上に引用した荒木・安井 (1992) による解説にもあるように，whisper などの発話様態動詞は，that 消去が許されない種類の動詞であるが，これらの動詞は，一般的に時制の一致が義務的となり，したがって，独立読みが許されないという性質を持つことが知られている．

　ここで，発話様態動詞について，もう少し詳しく説明しておこう．発話様態動詞というのは，文字どおり，どのようなものの言い方，あるいは発話の仕方で伝達するかを表すような動詞のことで，lisp（舌足らずで発音する），mumble（つぶやく），mutter（ぶつぶつ言う），quip（皮肉をいう，気の利いたことを言う），snort（声を荒げて言う），rejoice（狂喜する），whine（めそめそ言う）などの動詞を言う．これらの動詞の後ろに that 節が現れるときは，次の例 (Ross (1986: 154) より) に見るように，that 消去は許されない．

　ていないことになり，したがって，文法性のかなり劣った文となっている．
　[3] 英語の文 (3a) に対する Higginbotham 自身の反応は，文法的文として受け入れるということのようであるが，この点，いまひとつはっきりしないところがあるように思われる．第10章の注11, 12 において述べたように，筆者の尋ねた英語母語話者の反応も否定的であった．例文 (3a) が不自然な文であるとした場合のその理由については，そこにあげた解説参照．

(4) a. Mike quipped that she never wore this hat.
　　　　（彼女はこの帽子を決してかぶらなかったよとマイクは皮肉を言った）
　　b. *Mike quipped she never wore this hat.

（発話様態動詞以外の場合をも含め，that 消去の現象一般についての考察については，千葉 (1995, 2013) 参照.）

　発話様態動詞の場合，一般的に時制の一致が義務的となる（Costa (1972: 46) 参照）ことを示す例として，Declerck and Tanaka (1996: 294) は次のような例文をあげている．

(5) a. Ann whispered that she loved/??loves him.
　　　　（アンは彼を愛しているとささやいた）
　　b. Bill muttered that he was/??is too old for the job.
　　　　（自分は年齢が行き過ぎているので，その仕事には向かないとビルはつぶやいた）

　Declerck and Tanaka (1996: 294) によると，例文 (5a, b) のように，発話者が発話様態動詞を用いた伝達の仕方をしようとするときには，発話者の関心は，現在時制としての発話時にあるというより，過去時制の発話様態動詞で表された発話行為（speech act）そのものにあるということを意味することになる．したがって，主節に見られるような過去時制に焦点を置く捉え方と，従属節に見られる，現在時制に焦点を置く捉え方の間で齟齬をきたすこととなり，その結果，許容度の低い文を生み出すことになると説明できる．
　例文 (5a, b) の場合とは異なり，現在動詞を用いた文が許されるような場合も考えられる．たとえば，用いている発話様態動詞が旧情報をになうことになり，そこにはもはや焦点が当てられていないことを示すようなコンテクストが与えられると，that 節の部分だけが新情報として焦点が当てられることとなり，したがって，独立読みとしての自然な解釈を引き出すことが可能になるということを，Declerck and Tanaka (1996: 294) は下記 (6) のような例文をあげて説明している．

(6) What did Ann whisper to Bill just now? — She whispered that she

loved/loves him.

　このように，過去時制に焦点を置くか，それとも現在時制に焦点を置くかについて，主節と従属節の間に食い違いが見られるために，時制の一致をさせない文が許容度の低い文となるという説明が当てはまるケースとして，上で取り上げた発話様態動詞の場合だけでなく，それ以外にもいくつか Declerck and Tanaka によって指摘されているが，詳しくは，Declerck and Tanaka (1996: 293ff.) 参照．

　ところで，上に解説したように，叙実的動詞の場合には独立読みが許されるという現象は，最初，Kiparsky and Kiparsky (1970: 162f.) が，下記例文 (7a) に見るように，主節動詞が叙実的動詞の場合には，時制の一致の規則の適用は任意的であるのに対し，(7b) に見るように，それ以外の動詞の場合には時制の一致が義務的となるという違いが見られるということを指摘したことと関連づけて考えることができる．

(7)　a.　John grasped that the earth is (was) round.
　　　　（ジョンは地球が丸いということをしっかりと理解していた）
　　　b.　John claimed that the earth was (*is) flat.
　　　　（ジョンは地球が平らであると主張した）

　すなわち，叙実的動詞は一般的に，その性質上，従属節の命題内容が発話時において真であることを前提としているので，独立読みが可能となり，時制の一致に従わなくてもよいこととなる．いっぽう，それ以外の動詞の場合には，そのような前提がないので，(「普遍的真理」などの条件により独立読みが支持されない限り）独立読みは保障されず，時制の一致に従うことが義務付けられる，というような説明が可能となる．ただし，上に引用した荒木・安井 (1992) による解説にもあるように，また田中 (1990) も指摘するように，叙実的動詞（あるいは発話様態動詞）による分類は，補文の時制の選択にとって決定的な要因ではないということにも留意すべきであろう．

13.2. 動詞の持つ「意図性の力」の違い

　第 1 節において引用した，荒木・安井 (1992) による解説の最後の部分においても述べられているように，「一致が随意的か義務的かについては，伝達者としての話し手の発話時における判断が 'that' 節内に介入すること［すなわち，「独立読み」の解釈をすること（一千葉）］が，主節動詞の意味との関係において，許されるかどうかという点にもかかわってくるといわれている」との指摘の裏付けとなるような資料の一つとして，Declerck and Tanaka (1996: 290f.) による以下のような解説が役に立つと思われるので，この節での話題として取り上げてみたい．

　すでに第 10 章第 2 節において指摘したように，Declerck and Tanaka (1996) で示された時制の一致に関する研究の主な狙いは，問題となる被伝達部に現在動詞を用いることの妨げとなるような要因を探ることであった．そのような要因の一つとして，彼らは伝達動詞 (reporting verb) の持つ「意図性の力 (intentional force)」の強弱というものをあげている．すなわち，say, tell などの発話動詞や think, believe などの思考動詞は，「意図性の力」が強いものと弱いもの（さらには，その中間のもの）に分類することができるであろう．Declerck and Tanaka (1996: 290) によると，意図性の強い imagine のような動詞は，個人的で特殊な可能世界 (possible world) を形成することとなるが，その世界は，ほかの誰の信念の世界とも一致しそうにない独特なものとなる．いっぽう，say のように意図性の弱い動詞が形成する世界は，ほかの信念の世界と容易に交わったり一致できたりする性質のものである．

　一般的に言って，意図性の強い動詞は，発話動詞のグループよりも思考動詞のグループの中に見いだすことができると言える（もちろん，中には，pretend のように，前者のグループに属していながら，強い意図性を持つと考えられる動詞の例もあるにはあるが）．このことより，以下のような一般的構図が浮き上がってくることになるであろう (pp. 290f.)．

　①意図性のもっとも強い述語 (e.g. imagine, fancy, pretend) は，そ

れによって伝達される思想や陳述内容に対し，伝達者（reporting speaker），すなわち，文の発話者自身が同調していないことを示すような述語だと言える．②その逆に，意図性のもっとも弱い述語（e.g. say, tell）は，そのような評価が何ら示されていない述語だと言える．③動詞 think, believe のような述語は，①，②の中間に位置することになる．③に属する動詞は，②に属するものと比べて「個人的」世界をより強く呼び起こすという点で，②に属するものとは異なるが，いっぽう，①に属するものと比べると，その表す世界の持つ特殊性はより弱いことになるので，それだけ個人的な匂いも弱まると言える．

以上のことから言えることは，次のようなことである．すなわち，強い意図性を表す動詞によって作り出される世界は，発話者の世界においても受け入れられるという可能性が低くなるので，その結果，そのような動詞の後では，現在時制を用いることが比較的難しくなるであろう．このことは，次のような言語事実からも支持できるとして，Declerck and Tanaka (1996: 291) は下記例文 (8a, b) をあげている．

(8)　a.　John said that his wife was/is pregnant.
　　　　（ジョンは自分の妻が妊娠していると言った）
　　　b.　John imagined his wife was/?is pregnant.
　　　　（ジョンは自分の妻が妊娠しているものと想像した）

すなわち，主節動詞 say の場合には，(8a) に見るように，was, is いずれも許されるが，動詞 imagine の場合は，(8b) に見るように，is を用いるとどこか不自然な文となるようである．(8b) に見る文法性の違いは，次のように説明することになるであろう．すなわち，imagine という動詞を用いることにより，問題の伝達内容が，ジョンの信念の世界以外の世界では成り立たないことを示唆することになる．したがって，この動詞を用いることにより，自分自身の世界においては真とはならないと発話者が思っていることが明らかなので，現在時制を用いたほうの文は不自然な文となるというわけであ

る。[4]

　上に引用した荒木・安井（1992）による時制の一致についての解説の中でも指摘されているように，独立読みの解釈が可能となるかどうかが，主節動詞の持つ意味の違いとのかかわりにより決まることがあるということは，以上のような考察からも十分納得のいくことであると言えるであろう．

---

[4] 先に引用した荒木・安井（1992）による解説の中では，時制の一致の有無が，主節動詞の種類にも関係することがあるということを説明する中で，Costa (1972) による「時制の一致と主節動詞の種類との関係」についての研究を紹介したあと，「ただし，Costa のこの分類は絶対的なものではなく，一応の目安と考えるべきである」と注意を促している．同じような趣旨から，Declerck and Tanaka (1996: 291, fn. 9) もまた，とくに叙実的動詞と非叙実的動詞の違いが，独立読みを可能にするかどうかの基本的基準になるとする Costa (1972: 46) の主張に疑問を呈している．すなわち，意図性の力の強い動詞は，常に非叙実的動詞であるということが明らかであるが，いっぽう，意図性の力の弱い動詞の場合には，know のように叙実的動詞であることもあれば，say のように非叙実的動詞であることもあるので，この点で，Costa の主張との食い違いが生じることとなる，ということを Declerck and Tanaka は指摘している．

第 14 章

時制の一致の作用方向

　この章では，従来の時制の一致に関する研究において，あまり取り上げられることのなかった話題である「時制の一致の働く作用方向」について考えてみたい．とくに注意しなければならないのは，時制の一致の作用が，常に左から右方向に働くとは限らないということである．すなわち，第9章で取り上げた例文 (2b), (11a)（それぞれ下記例文 (1a, b) として再録）に見るように，従属節の動詞が語順の上で，主節の動詞より前の位置に現れる場合にも，その逆の場合と同じように，時制の一致の規則の対象になることがわかる．

(1) a. A book [which went into considerable detail about the ages of samples of children] might (or might not) be fun to write, but it is not this book.

　　b. A nation [which stopped working] would be dead in a fortnight.

さらに別の例として，次のような例文をあげることができる．

(2) a. [That it was Saturday] made no difference to Bobby Wilson.
(William Harrington, *Columbo: The Glitter Murder*, p. 112, New York: Forge, 1997)
（その日が土曜日だということは，ボビー・ウイルソンにとってどうで

もいいことであった)
 b. *[That the sun is out] was obvious. (Ross (1986: 198))
  (日が照っているのは明らかだった)

例文 (2b) が非文法的文となっているのは，主語の位置を占める従属節である that 節の中の be 動詞が，時制の一致に従って過去形 was にならなければならないのに，現在形 is となっているからである．[1]

したがって，時制の一致を一つの文法規則として定式化しようとするときには，このように，一致の規則の働く方向として，「左から右へ」だけでなく，「右から左へ」の方向も可能であるという事実を考慮しなければならない．下に (3) として引用する Ross (1986: 198) による，変形規則の一種としての「時制の一致」の定式化においては，この点が考慮された形になっていることがわかるであろう．

(3) *Sequence of Tenses*

$$\begin{array}{ccccccccc}
\text{a.} & X & - & \begin{bmatrix} +V \\ \alpha\text{Tense} \end{bmatrix} & - & Y & - & [+V] & - & Z \\
 & 1 & & 2 & & 3 & & 4 & & 5 & \Rightarrow \\
 & 1 & & 2 & & 3 & & \begin{bmatrix} 4 \\ \alpha\text{Tense} \end{bmatrix} & & 5
\end{array}$$

---

[1] ここでは，独立読みの可能性，したがって，現在形動詞を用いた文が許されること，については考慮されていないようだということを Ogihara (1996: 148, note 1) が指摘している．Ogihara (1989: 188) には，下記例文 (i) がそのような独立読みを可能とする例の一つとして示されている．
 (i) [NP [S' That Mary is ill]] was announced to everyone.
   (メアリーが病気であることがみんなに告げられた)
さらに，時制の一致の見られる同種の例文として，Ogihara (1989: 188) は次のような例文をあげている．
 (ii) a. [NP [S' That John was wrong]] was obvious.
    (ジョンが間違っていることは明らかだった)
  b. [NP [S' That John would accept the offer]] was obvious.
    (ジョンがその申出を受け入れるだろうということは明らかだった)
  c. [NP [S' That the earth was round]] was not known to people in the old days.
    (地球が丸いということは昔の人々にとっては知られていなかった)

第 14 章　時制の一致の作用方向　　　177

b.　X　—　[+V]　—　Y　—　$\begin{bmatrix} +V \\ \alpha\text{Tense} \end{bmatrix}$　—　Z
　　1　　　2　　　　3　　　4　　　　5　⇒
　　1　$\begin{bmatrix} 2 \\ \alpha\text{Tense} \end{bmatrix}$　　　3　　　4　　　　5

　上記の規則は，まず，この変形規則によりもたらされる構造変化として，(a), (b) で定義されるような二種類のものがあることを示している．その具体的内容としては，構造記述の第二項をなす動詞が持っている時制に関する素性 [αTense] が，第 4 項をなす動詞に転写される（コピーされる）結果，二つの動詞の時制内容が一致するということをうたった (a) の部分，およびその逆の場合として，第 4 項の動詞の持つ [αTense] が第 2 項の動詞に転写される結果，時制の一致が生ずるということをうたった b の部分の二部構成となっている．このように，この規則は，問題となる二つの動詞の位置関係が左右いずれの場合にも対応できるように公式化されているということがわかるであろう．

　時制の一致の規則の定式化の際には，さらに，Ross (1986: 198) のあげている下記例文 (4) によって示される言語事実とも矛盾しないように時制の一致の規則を定式化しなければならない．

　(4)　That I believed that the sun was out is/was obvious.
　　　（日が照っていると私が信じたことは明らかである／あった）

上記例文 (2b) が非文法的文となるのに対し，(4) の場合には，現在形動詞 is のままでも許されるのはどうしてであろうか．

　それは，すでに第 4 章第 1 節で解説したように，「時制の一致の作用は，ある一つの節からその一つ下の従属節に及ぶ」という性質があるからである．その逆に，従属節から出発して，その節の主節に相当する節の中に時制の一致の作用が及ぶことは，一般的に許されない．このような制約を持った規則のことを，Ross (1986: 198) は「上方制限つきの (upward bounded)」規則と呼んでいる．たとえば，例文 (4) において，動詞 is/was は主語の位置を占める節 that I believed that the sun was out の内部の従属節ではなく，構造上その上方に位置する主節の一部，すなわち，主節の述部をなすので，上方

制限のついた時制の一致の規則 (3a) の構造記述に合致せず，その規則の対象からはずれることになる．つまり，that 節の中の動詞 believed あるいは was から，述部動詞 is/was の方向に時制の一致が働くということはない．したがって，現在形動詞 is のままでもよいと説明できる．さらに，is とペアになっている過去形動詞 was についても，それが過去形となっているのは，時制の一致によるものではないということも同じように説明できることになる．この場合は，むしろ，was から believed のほうへと時制の一致の流れが及んでいるとみなさなければならない．

　時制の一致の規則に課せられた上方制限の条件により説明できる場合の一つとして，さらに，下記例文に見るような挿入節を含む文の場合を指摘することが考えられる．

(5) Boston's public schools <u>will be closed</u> Monday due to the snowstorm predicted to drop about a foot of snow on the region, Mayor Martin J. Walsh <u>announced</u> at a press conference Sunday afternoon.
(*The Boston Globe*, 13 Feb. 2017 <http://www.bostonglobe.com>)
（その地域の降雪がおよそ 1 フィートに達するであろうと予測される吹雪のために，ボストンの公立学校は月曜日休校となると，日曜日午後開かれた記者会見の席で，マーティン・ウォルシュ市長が発表した）

　すなわち，例文 (5) は，もともと基底構造における主節を形成していたと考えられる Mayor Martin J. Walsh ... Sunday afternoon の部分が，文副詞的に文の後ろの位置に配置されるという変化を受けて生成された文であるとする分析が可能である．このような変化をもたらす規則を Downgrading（格下げ）と呼ぶ（詳しくは，Kajita (1968: 139ff.) 参照）．Downgrading が適用された結果，元の従属節で間接話法の被伝達部をなす部分（Boston's public schools ... on the region）は，直接話法的扱い，すなわち，主節としての扱いを受けることになる．したがって，この場合も上方制限により，動詞 announced から will be closed の方向に働くような時制の一致は許されないことになる．

　同じような例として，下記例文 (6) を加えることができるであろう．

(6) They have agreed to pay $10 million to resolve allegations that a stem cell research lab fraudulently obtained federal grant funding, the US attorney's office in Boston said Thursday.
(*The Boston Globe*, 28 April 2017 <http://www.bostonglobe.com> に基づく)
(幹細胞研究施設が連邦助成基金を不正に得ていたとする疑惑を解決するため，彼らは一千万ドルの支払いに応じたと木曜日ボストンの米連邦地検が報じた)

しかしながら，いっぽうでは，同じ格下げ構文を持った文でも，次にあげるように，時制の一致の見られる場合もあるということがわかる．

(7) The government had contended that the lab, run by Dr. Piero Anversa, included false scientific information in claims to the National Institutes of Health, federal prosecutors said in a statement.
(*The Boston Globe*, 28 April 2017 <http://www.bostonglobe.com>)
(連邦検察官の供述によると，アメリカ政府はピエロ・アンバーサ博士の取り仕切る研究所が国立衛生研究所へ提出した支払い要求書の中に，誤った科学的情報が含まれていたと主張した)

同じように，上記例文 (5) において，下線部 will be closed を would be closed に置き換えたような文も許されるので，そのような文もまた，この種の例に加えることができるであろう．

もし一般的に上記例文 (7) のような文が許されるのだとしたら，格下げ構文の文の場合は，格下げ規則のまだ適用されていない基底構造をもとに，上方制限の条件が満たされているかどうかをチェックすることが許されることになるのかもしれない．[2] この点，さらなる考察が必要となるが，ここでは，

---

[2] 例文 (7) のような文は，格下げ規則の適用により，元の文の主節だった部分 Federal prosecutors said in a statement が，主節の位置から文副詞的要素へと「格下げ」されると同時に，従属節だった部分が主節へと「格上げ」されることにより生成されると考えることができる．このように，主節の動詞が，時制の一致によってできたと思われるような時制形態

残された問題としたまま，次の議論を進めていくこととする．
　上に取り上げた上方制限のような条件を取り入れた形の時制の一致規則の定式化の一つとして，以下のような案を考えてみることとしよう．すなわち，上記 (4) (=That I believed that the sun was out is/was obvious) のよう

（この場合は，過去完了形）をとるように見える種類の文がほかにもある．それは，下記例文 (ia, b) のような文の場合である．
　(i) a. In a bedroom upstairs his son Austin, 26, was distraught over a breakup. He had told his family he needed time alone. With him was his dog and his 9 mm handgun. (*The Boston Globe*, 16 July 2017 <http://www.bostonglobe.com>)
（2 階の寝室では，彼の息子のオースティン (26 歳) が仲違いのため取り乱した状態でいた．一人になる時間が必要だと家族には話していたのであった．彼の側には飼い犬がいて，9 口径のピストルがあった）
　　b. John came to work at noon yesterday. He had woken up at 10. He had made coffee and eaten breakfast.　　　　　　　　(Kiparsky (2002: 13))
（昨日ジョンはお昼に会社にやってきた．朝 10 時に起きたのであった．コーヒーを自分で入れて朝食も済ませていた）
上記例文の過去完了形動詞を含む部分の表現形式は，第 1 章の注 3 でも触れたように，「自由間接話法 (free indirect speech, free indirect discourse (FID))」あるいは「描出話法 (represented speech)」などと呼ばれている話法の一種である．いわば，内在する形の (implicit) 過去時制要素が談話 (discourse) の流れ全体を支配していて，下線部の動詞は，その内在する時制要素に呼応ないし結合する形で，しかるべき時制の動詞形態が選ばれたものと考えることができる．ここにも，時制の一致と同じ作用が働いていると言っていいであろう．ただし，その作用の流れは，ふつうの時制の一致の場合のように，主節から従属節へ，あるいはその逆に，従属節から主節へのリンク（つなぎ留め）の作用ではなく，いわば横並びに結ばれた節同士の間に働く作用の流れとなっていると言えるであろう．（同じような趣旨の捉え方を，イベント意味論の枠組みに沿った形で説明したものとしては Kiparsky (2002: 12f.) をあげることができる．Kiparsky は自由間接話法のことを，映画や小説などに見る「フラッシュバック (flashback)」の技法に見立てている．）
　過去完了の場合でなくても，下記例文に見るような過去動詞の場合にも，同じように，全体的時制の流れに呼応する形で，時制の一致に従ったがごとくに見える動詞の形態（この場合は過去時制）が独立文の中に現れる例を指摘することができるとして，Kiparsky (2002: 13) は次のような例文をあげている．
　(ii) a. What was your name again?
（お名前はなんでしたっけ）
　　b. Tarzan was not yet the king of the jungle. That would come later.
（ターザンはまだジャングルの王者ではありませんでした．それは，もっと後になってからのことです）
例文 (iia, b) に見る過去時制の用法は，第 1 章で取り上げた例文 (3a, b)（下に例文 (iiia,

な例文をもとに,たとえば,主節の動詞(の持つ Tense)と従属節の動詞(の持つ Tense)との間に構成素統御(c-command)の関係が成り立つときにのみ時制の一致の規則が適用されるというような条件を考えるという案である.

そのような案の一つとして,すでに第 5 章において紹介した,時制の一致に関する理論的研究の一つである Ogihara (1995b) の提案している規則(第 5 章 (2) 参照)を取り上げることができる.念のため,その規則を下に (8) として再録してみよう.

(8) 時制形態素(tense morpheme)α は,時制形態素 β により局所的に構成素統御されている(be locally c-commanded)とき(すなわち,α と β との間に別の時制形態素が介在しないとき),そしてそのときにのみ,消去できる.ただし,α と β はいずれも過去時制を表すものとする.

この規則は,Ogihara によると,統語構造をモデル理論的意味表示に変える前に,論理形式部門(Logical Form, LF)において適用されることになる.この規則の中に用いられている「構成素統御(c-command)」の定義を Chomsky (1986: 8) に従って示すと,以下のようになる.

(9) α c-commands β iff α does not dominate β and every γ that domi-

---

b)として再録)と同種の用法であると思われるので,後者の例文 (3a, b) の場合も,上で説明したように,広い意味での時制の一致が働いている例として捉えることが可能かもしれない.

(iii) a. "What day were you going to Bristol?"
 b. "Was it on Thursday or Friday you were going to Bristol?"

Huddleston (1969: 793) は,同じような例文として,下記 (iv) のような例文をあげ,もともと say, think などの過去形動詞からなる主節部分だったものが消去された結果できたというような分析を与えている.この種の構文に与えられる呼び名として,彼はフランス語の "style indirect libre"(自由間接話法)を用いている.

(iv) John put his foot down her on the accelerator; it would be nine o'clock before he got home.
 (ジョンはアクセルを強く踏み込んだ.家に着くまでには,おそらく 9 時を過ぎていることだろう)

nates α dominates β.

(もしαがβを支配せず，またαを支配するすべてのγがβを支配しているならば，そしてそのようなときのみαはβを構成素統御すると言う)

［上記の定義の中に「支配する」とあるのは，概略，統語構造において，上位の位置を占める構成要素が下位の位置を占める構成要素を支配するという意味である］

　上記 (8) の規則の中には，αとβとの間に「局所的構成素統御」(local c-command) の関係が成り立たなければならないという条件が盛り込まれているが，これは，そこにも解説されているように「αとβとの間に別の時制形態素が介在し」てはいけないということをうたったものである．

　上記規則の「構成素統御」の部分に焦点を当てて，この規則の狙いをごく大雑把に捉えるとすると，一般的に，時制の一致の力は，(左右の違いを問わず) 構造の上で上方を占める位置から下方の位置へと及ぶというように考えることになるであろう．上記例文 (4) にこれを当てはめると，主語の位置を占める that 節の内部において，上方の位置を占める動詞 believed から，下方位置を占める that 節内の動詞 was へは，構成素統御の関係が成り立つので時制の一致の力が及ぶのに対し，残りの動詞 is/was の場合は，前二つのいずれの動詞 (believed, was) に対しても，構造上その下方の位置を占めるわけではない (すなわち，前二つの動詞 believed, was は is/was を構成素統御しない) ので，is/was の位置にまでは時制の一致の力が及んでいかないこととなり，したがって，前二つの動詞の持つ過去時制に左右されることなく，現在形動詞 is を用いることも可能となる，というように説明できることになるであろう．

　ところが，上記例文 (2a, b) のような場合を考えてみると，この構成素統御の条件に合致していないのに，時制の一致の規則が適用されるように見える．たとえば，(2a) において，動詞 made は動詞 was を構成素統御していないにもかかわらず，時制の一致の規則が適用されるという問題にすぐにぶつかることになる．いっぽう，(2b) について言うと，was は is を構成素統御していないので，時制の一致に従わなくてもよいはずなのに (すなわち,

(2b) は文法的文となってもよいはずなのに），実際は，時制の一致に従わなければならないことになる．

以上を要約すると，時制の一致を，大雑把に主節から従属節への時制要素の転移 (transfer) や転写 (copying) として，あるいはその逆に，従属節から主節への時制要素のつなぎ留め (linking, anchoring) として捉えることには問題はないようであるが，[3] これをさらに厳密化して，構成素統御の関係で

---

[3] ただし，下記例文 (ia, b)（R. Lakoff (1970: 838) より）に見るような時制の一致の場合には，従属節（この場合は，関係節）から主節へと時制の一致の力が及んでいるように思われる．
 (i) a.　The boy I spoke to had blue eyes.
   b.　?The boy I spoke to has blue eyes.
ちなみに，R. Lakoff は，下記例文 (iia, b) のように，関係節の主語を I から you に変えれば，時制の一致に従わない独立読みの文 (iib) は，(ib) と比べかなり良くなるということを指摘している (p. 842)．
 (ii) a.　The boy you spoke to had blue eyes.
   b.　The boy you spoke to has blue eyes.
（さらに，具体的コンテクストによっては，上記 (iia, b) のいずれかだけが許されるような状況を想定することもできるとして，R. Lakoff は議論を展開しているが，詳しくは R. Lakoff (1970: 842) 参照．）
上記例文 (ia) に見る時制の一致の流れは，あたかも，関係節の中の過去時制が主要部としての the boy に受け継がれて，そこから述部動詞の持つ時制要素へと及んでいくかのように思えるかもしれない．本文の第 11 章で取り上げた「名詞表現に見る時制の一致」のテーマとどこか関連するところがあるようにも思えてくる．
さらにまた，Chiba (1987: 19ff.) が指摘しているような，仮定法現在の認可作用に関して見られる特殊なケースとも関連性があるかもしれない．すなわち，仮定法現在の認可に関するふつうのパターンは，仮定法現在動詞を認可する働きを持った主要部としての動詞・形容詞・名詞から，その補文をなす節の中の動詞へと認可の力が及んでいくような場合である．この場合，それら主要部の動詞・形容詞・名詞そのものが，認可要素としてのある特定の意味特徴を最初から備えているのがふつうである．ところが，下記例文 (iiia, b)（同書 p. 23 より）においては，主要部としての名詞 form, minimum そのものは，仮定法現在の認可要素になりうるような意味特徴を備えていないにもかかわらず，主節述部の that 節の中の動詞は仮定法現在動詞 (be) となっているという興味ある現象が生じていると言える．
 (iii) a.　[NP The only form of independence [S' that is possible or desirable for a woman]] is that she be dependent upon her husband, or if she is unmarried, on her nearest male relative.
   （女にとって可能なあるいは望ましい唯一の自立の道は，夫あるいは未婚の場合は近親者の男に頼ることである）

捉えることができるとする試みは，少なくとも，そのままの形では受け入れられないであろうということになる．

　Ogihara が上記 (8) のような規則を提案した真の狙いは，むしろ「局所的関係 (locality)」というところにあるのではないかと思われるが，問題の二つの時制要素 (PAST) の間に構成素統御の関係が成り立つことを要求していることにもなるので，これを厳密に解釈すると，上で指摘したような問題にぶつかることになる．すでに第 5 章において指摘したように，Ogihara 自身，構成素統御の条件は強過ぎることを認識し，Ogihara (1996) において提案されている時制の一致の改訂版規則においては，この local c-command（局所的構成素統御）の条件を local command（局所的統御）の条件に（すなわち，c-command を command に）修正しているのがわかる．

　「A が B を局所的に統御する」という局所的統御の関係を説明すると，次のように，二段階に分けてこの関係を定義できる (Ogihara (1996: 103))．

(10) 　(i) A と B の両方が他方を支配せず，また，A を支配する最初の S-節点が B を支配する場合，A が B を統御するという．(ii) A が B を統御し，さらに，A が C を，C が B をそれぞれ統御するような C が A と B の間に存在しないような場合，A が B を局所的に統御するという．

　このように，二つの時制要素の間に「局所的統御」の関係が成り立つことを条件とする場合は，上で指摘したような「局所的構成素統御」に関して見られたような問題は回避できることになるので，Ogihara (1996) によるその後の時制の一致の規則においては，こちらのほうの条件が採用されている

---

b. [$_{NP}$ The minimum [$_{S'}$ that can be expected from such a reclassification]] is that it be able to accommodate ... all of the types of Mätzner-Jespersen.
(そのような再分類化により最低限期待できることとして，メッツナー／イェスペルセン式のものが全て取り入れ可能となるということをあげることができる)

すなわち，関係節 (S') の中にある仮定法現在の認可要素である desirable や expect の持つ力が，主要部としての名詞 form や minimum に引き継がれて，そこから，補文の中の仮定法現在動詞 be を認可することが可能となるという流れを読み取ることができるであろう．

というわけである．（なお，時制の一致の規則を構成素統御の関係で捉えようとするアイデアは，Enç (1987, 2004), Stechow (1995), Stowell (2007), Higginbotham (2009: 105f.) による解説においても見られる．）

　（局所的）構成素統御の条件が強過ぎることは，時制の一致の場合以外においても指摘されることがある．たとえば，「仮定法現在動詞はどのような条件のもとで用いることができるのか」について考察を試みた Chiba (1987) が指摘している以下のような問題を取り上げることができるであろう．すなわち，仮定法現在動詞の「引き金（認可要素）」（千葉 (2013) 参照）となることのできる，主節の動詞・形容詞・名詞と，それら引き金によって認可される従属節内の仮定法現在動詞との間に成り立つ統語構造上の関係を，構成素統御で捉えようとするときに遭遇する問題を指摘することができる．たとえば，下記例文 (11), (12) を見てみよう．

(11)　a.　John demands [that Susan leave immediately].
　　　　　（スーザンが直ちに出発するようジョンは要求している）
　　　b.　President Carter is eager [that the talks among these world leaders be held].
　　　　　（カーター大統領は，これら世界の指導者による話し合いが持たれることを切に願っている）
　　　c.　We discussed the syntactic principle [that the verb of a sentence agree with the subject in number and person].
　　　　　（私たちは，文の中の動詞が数と人称に関し主語と一致するという統語的原理について議論した）

(12)　a.　[That researchers be prepared to listen to coherent criticism of their ideas] matters.
　　　　　（研究者は，自分たちが提案するアイデアについての筋の通った批判には進んで耳を傾けるということが重要だ）
　　　b.　[That she not know this before tomorrow] is crucial.
　　　　　（明日になるまでは，彼女がこのことを知らされないでいるということが極めて重要だ）

  c. The <u>point</u> is [that they <u>be</u> general and testable].
   （重要なのは，それらが一般的な性質を持ち，また実験によって確かめることができるということです）

　例文（11a-c）の場合は，いずれも仮定法現在動詞の認可要素（demands, eager, principle）と認可される仮定法現在動詞（それぞれ，leave, be, agree）の間に構成素統御の関係が成り立つのに対し，例文（12a-c）の場合は，いずれもそれが成り立たないことを示す．すなわち，構成素統御の条件が満たされていなくても，(12a-c) は文法的文となるのであるから，構成素統御の条件は強過ぎるということになるであろう．詳しくは，Chiba (1987: 19ff.) 参照.

　以上の事実観察からもわかるように，時制の一致の作用の場合も仮定法現在の認可の場合も，主節から従属節へと力が及んでいくという，広く言語に見られる一般的特徴が働いていることは間違いないようだ．ただし，力の及ぶ範囲に関しては，両者の間に次のような違いが見られることが知られている．すなわち，「心的惰性」という比喩的表現が当てはまることからもわかるように，時制の一致の場合には，力の及ぶ範囲が，ある種の物理的作用のごとく，深く深く浸透していくように見えるのに対し，いっぽう，仮定法現在の認可作用の場合には，力の及ぶ範囲が局所的（local）であると言えるであろう．詳しくは，千葉（2013）参照.

　自然言語の文法の中で重要な位置を占める時制（テンス）と法（ムード）に関する研究テーマは，従来より多くの言語学者の注目を集め，現在，かなりの研究成果が見られると言えるが，いっぽうでは，未解決の問題もあり，今後さらにその方面の研究が深まることが切に期待される．

第 15 章

まとめ

　以上，時制と「時」の間に見られる一種の「ずれ」の現象について，時制の一致の文法規則を中心に考察した．時制の一致の現象は，言語に広く見られる転写規則（copying rule）の一種であるとみなすことができるが，調べてみると，思った以上に奥の深い複雑な現象であることがわかる．英語の母語話者の心の中に存在する文法の内部に，時制の一致に関するこのように複雑で興味深い世界が潜んでいるのを知るのは，ふだん無意識のうちに文法のおかげを被って言語生活を送っている私たちにとって，大きな驚きでもある．

　英語の第二言語習得をめざす私たち日本語の母語話者にとっては大変複雑に思われる，時制の一致の現象を含む時制のメカニズムも，英語の母語話者にとっては，当然のことながら，言語習得段階のある一定の期間を経るうちに，難なく習得できるものと思われる．生後，周りから与えられる母語についての言語情報が質的にも量的にも限られているという事実，すなわち「刺激の貧困（poverty-of-stimulus）」にもかかわらず，どのようにして複雑な時制のメカニズムの習得が可能となるかについては，文法の中の時制以外のメカニズムの習得の場合と同じように，まだまだ謎の部分が多いと言える．（時制やアスペクトに関する第一言語習得の問題を考えるときには，Hornstein (1990: Chs. 3, 5, 6)，溝越 (2016: Ch. 9) による考察が役立つと思われる．とくに，時制の一致のテーマに関する言語習得研究については Hollebrandse (2000) 参照．）

文法の中の時制の一致にかかわる言語知識の全体像を捉えるにはまだ時間がかかるとしても，少なくとも，その中の中核的部分の知識だけでもしっかりと身につけ，英語の読み書きの能力を高めていきたいものである．本書がそのような目的のために，わずかながらでも助けになれば幸いである．

参 考 文 献

Abusch, Dorit (1988) "Sequence of Tense, Intensionality and Scope," *Proceedings of the 7th West Coast Conference on Formal Linguistics*, ed. by Hagit Borer, 1-14, Stanford, CA: CSLI Publications.

Abusch, Dorit (1991) "Present Under Past as De Re Interpretation," *Proceedings of the 10th West Coast Conference on Formal Linguistics*, ed. by Dawn Bates, 1-12, Stanford, CA: CSLI Publications.

Abusch, Dorit (1994) "Sequence of Tense Revisited: Two Semantic Accounts of Tense in Intentional Contexts," *Ellipsis, Tense, and Questions*, ed. by Hans Kamp, 87-139, University of Amsterdam.

Abusch, Dorit (1997) "Sequence of Tense and Temporal De Re," *Linguistics and Philosophy* 20, 1-50.

Abusch, Dorit (1998) "Generalizing Tense Semantics for Future Contexts," *Events and Grammar*, ed. by Susan Rothstein, 13-33, Kluwer Academic, Dordrecht.

Allen, Robert (1966) *The Verb System of Present-Day American English*, Mouton, The Hague.

Altshuler, Daniel, Valentine Hacquard, Thomas Roberts, and Aaron White (2015) "On Double Access, Cessation and Parentheticality," *Proceedings of the 25th Semantics and Linguistic Theory Conference*, ed. by S. D'Antonio, M. Moroney, and C. Little, 18-37, Linguistic Society of America.

安藤貞雄 (2005)『現代英文法講義』開拓社, 東京.

荒木一雄・安井稔 (編) (1992)『現代英文法辞典』三省堂, 東京.

Arregui, Ana and Kiyomi Kusumoto (1998) "Tense in Temporal Adjunct Clauses," *Proceedings from Semantics and Linguistics Theory* 8, 1-18.

Bach, Emmon (1968) "Nouns and Noun Phrases," *Universals in Linguistic Theory*, ed. by Emmon Bach and Robert T. Harms, 91-122, Holt, Rinehart and Winston, New York.

Baker, Carl L. (1995) *English Syntax*, 2nd ed., MIT Press, Cambridge, MA.

Bar-Lev, Moshe (2015) "*De Re* Tenses and Trace Conversion," *Proceedings of the 25th Semantics and Linguistic Theory Conference*, ed. by S. D'Antonio, M. Moroney, and C. Little, 184-203, Linguistic Society of America.

Bhatt, Rajesh (2006) *Covert Modality in Non-finite Contexts*, Mouton de Gruyer,

Berlin.

Binnick, Robert (1991) *Time and the Verb: A Guide to Tense and Aspect*, Oxford University Press, New York.

Binnick, Robert, ed. (2012) *The Oxford Handbook of Tense and Aspect*, Oxford University Press, Oxford.

Blackstone, Bernard (1962) *Indirect Speech: Its Principles and Practice*, Longmans, London.

Bolinger, Dwight (1978) "Asking More Than One Thing at a Time," *Questions*, ed. by Henry Hiż, 107-150, D. Reidel, Dordrecht.

Boogaart, Ronny (1999) *Aspect and Temporal Ordering: A Contrastive Analysis of Dutch and English*, Doctoral dissertation, Free University of Amsterdam.

Bresnan, Joan (1971) "On 'A Non-Source for Comparatives'," *Linguistic Inquiry* 2, 117-124.

Chiba, Shuji (1987) *Present Subjunctives in Present-Day English*, Shinozaki Shorin, Tokyo.

千葉修司 (1995)「補文標識 that の消去──That 消去の現象の記述を中心に──」『津田塾大学紀要』27, 1-44.

千葉修司 (2001)「仮定法 (subjunctive mood)」『最新英語構文事典』, 中島平三 (編), 401-417, 大修館書店, 東京.

千葉修司 (2003)「『きっと効く薬』についての『なるほどうまい説明』」『市河賞36年の軌跡』, 財団法人語学教育研究所 (編), 81-89, 開拓社, 東京.

千葉修司 (2005)「文法研究の成果を学習文法に役立てる」『英語青年』151, 130-131.

千葉修司 (2006)「文法研究と学習英文法」『津田塾大学紀要』No. 38, 15-46.

千葉修司 (2013)『英語の仮定法──仮定法現在を中心に──』開拓社, 東京.

千葉修司・村杉恵子 (1987)「指示詞についての日英語の比較」『津田塾大学紀要』No. 19, 111-153.

Chomsky, Noam (1986) *Barriers*, MIT Press, Cambridge, MA.

Chomsky, Noam (1995) *The Minimalist Program*, MIT Press, Cambridge, MA.

Chomsky, Noam (2004) "Beyond Explanatory Adequacy," *Structures and Beyond: The Cartography of Syntactic Structures*, Vol. 3, ed. by Adriana Belletti, 104-131, Oxford University Press, Oxford.

Chomsky, Noam (2008) "On Phases," *Foundational Issues in Linguistic Theory: Essays in Honor of Jean-Roger Vergnaud*, ed. by Robert Freidin, Carlos P. Otero and Maria Luisa Zubizarreta, 133-166, MIT Press, Cambridge, MA.

Chung, Kyung-Sook (2002) "A Two-Tiered Analysis of Sequence of Tenses in English, *Working Papers of the Linguistics Circle* 15, 13-24, University of Victoria.

Close, R. A. (1975) *A Reference Grammar for Students of English*, Longman, London.

Comrie, Bernard (1985) *Tense*, Cambridge University Press, Cambridge.
Comrie, Bernard (1986) "Tense in Indirect Speech," *Folia Linguistica* 20, 265-296.
Costa, Rachel (1972) "Sequences of Tenses in *That*-clause," *CLS* 8, 41-51.
Coulmas, Florian (1985) "Direct and Indirect Speech: General Problems and Problems of Japanese," *Journal of Pragmatics* 9, 41-63.
Coulmas, Florian (1986) *Direct and Indirect Speech*, Mouton de Gruyter, Berlin.
Curme, George O. (1925) *College English Grammar*, Johnson, Richmond.
Curme, George O. (1931) *Syntax*, D. C. Heath and Co., Boston.
Cutrer, L. Michelle (1994) *Time and Tense in Narrative and in Everyday Language*, Doctoral dissertation, University of California, San Diego.
Dancygier, Barbara and Eve Sweetser (2005) *Mental Spaces in Grammar: Conditional Constructions*, Cambridge University Press, Cambridge.
Declerck, Renaat (1991a) *A Comprehensive Descriptive Grammar of English*, Kaitakusha, Tokyo.
Declerck, Renaat (1991b) *Tense in English: Its Structure and Use in Discourse*, Routledge, New York.
Declerck, Renaat (1994) "On So-called 'Tense Simplification' in English," *Tense and Aspect in Discourse*, ed. by Co Vet and Carl Vetters, 77-98, Mouton de Gruyter, New York.
Declerck, Renaat (1995) "Is There a Relative Past Tense in English?" *Lingua* 97, 1-36.
Declerck, Renaat (1999) "A Critical Evaluation of Wada's Theory of Tense in English," *English Linguistics* 16, 465-500.
Declerck, Renaat and Kazuhiko Tanaka (1996) "Constraints on Tense Choice in Reported Speech," *Studia Linguistica* 50, 283-301.
Dejima, Mayumi, Tomomi Nakatani and Keiko Murasugi (2009) "The Emergence of Speech Act Phrase: Evidence from a Longitudinal Study of Two Japanese-Speaking Infants," *Nanzan Linguistics* 5, 17-39.
Dresher, Bezalel Elan (1977) "Logical Representations and Linguistic Theory," *Linguistic Inquiry* 8, 351-378.
江川泰一郎 (1964)『英文法解説』(改訂新版) 金子書房, 東京.
Ejerhed Braroe, Eva (1974) *The Syntax and Semantics of English Tense Markers*, Institute of Linguistics, University of Stockholm, Stockholm.
Enç, Mürvet (1986) "Towards a Referential Analysis of Temporal Expressions," *Linguistics and Philosophy* 9, 405-426.
Enç, Mürvet (1987) "Anchoring Conditions for Tense," *Linguistic Inquiry* 18, 633-657.
Enç, Mürvet (2004) "Rethinking Past Tense," in Guéron and Lecarme eds. (2004),

203-215.

Fairclough, Norman (1973) "Relative Clauses and Performative Verbs," *Linguistic Inquiry* 4, 526-531.

Fauconnier, Gilles (1985) *Mental Spaces: Aspects of Meaning Construction in Natural Language*, MIT Press, Cambridge, MA.

Fauconnier, Gilles and Eve Sweetser, eds. (1996) *Spaces, Worlds, and Grammar*, University of Chicago Press, Chicago.

福井直樹（編訳）(2012)『チョムスキー言語基礎論集』岩波書店，東京.

Frawley, William (1992) *Linguistic Semantics*, Lawrence Erlbaum, Hillsdale, NJ.

Gennari, Silvia (2003) "Tense Meanings and Temporal Interpretation," *Journal of Semantics* 20, 35-71.

Giorgi, Alessandra and Fabio Pianesi (1997) *Tense and Aspect: From Semantics to Morphosyntax*, Oxford University Press, New York.

Giorgi, Alessandra and Fabio Pianesi (1998) "The Generalized Double-Access Reading," ms., University of Bergamo, Italy.

Goodell, Elizabeth W. (1987) "Integrating Theory with Practice: An Alternative Approach to Reported Speech in English," *TESOL Quarterly* 21, 305-325.

Grano, Thomas (2015) *Control and Restructuring*, Oxford University Press, Oxford.

Guéron, Jacqueline and Jacqueline Lecarme, eds. (2004) *The Syntax of Time*, MIT Press, Cambridge, MA.

Hackl, Martin and Jon Nissenbaum (2012) "A Modal Ambiguity in *For*-Infinitival Relative Clauses," *Natural Language Semantics* 20, 59-81.

Hasegawa, Kinsuke (1972) "Transformations and Semantic Interpretation," *Linguistic Inquiry* 3, 141-159.

Heim, Irene (1994) "Comments on Abusch's Theory of Tense," *Ellipsis, Tense and Questions*, ed. by Hans Camp, 143-170, Centre for Cognitive Science, University of Edinburgh, Edinburgh.

Higginbotham, James (1985) "On Semantics," *Linguistic Inquiry* 16, 547-593.

Higginbotham, James (2009) *Tense, Aspect, and Indexicality*, Oxford University Press, Oxford.

廣瀬幸生 (1988a)「私的表現と公的表現」『文藝言語研究　言語編』14, 37-56.

廣瀬幸生 (1988b)「言語表現のレベルと話法」『日本語学』7 (9), 4-13.

Hirose, Yukio (1995) "Direct and Indirect Speech as Quotations of Public and Private Expression," *Lingua* 95, 223-238.

廣瀬幸生・加賀信広 (1997)『指示と照応と否定』研究社出版，東京.

Hollebrandse, Bartjan (2000) *The Acquisition of Sequence of Tense*, Doctoral dissertation, University of Massachusetts, Amherst.

Hornstein, Norbert (1990) *As Time Goes By: Tense and Universal Grammar*, MIT

Press, Cambridge, MA.
Hornstein, Norbert, J. Nunes and K. K. Grohmann (2005) *Understanding Minimalism*, Cambridge University Press, Cambridge.
井川壽子 (2012)『イベント意味論と日英語の構文』くろしお出版, 東京.
Huddleston, Rodney (1969) "Some Observations on Tense and Deixis in English," *Language* 45, 777-806.
Huddleston, Rodney (1984) *Introduction to the Grammar of English*, Cambridge University Press, New York.
Huddleston, Rodney (1989) "The Treatment of Tense in Reported Speech," *Folia Linguistica* 23, 335-340.
Huddleston, Rodney and Geoffrey K. Pullum (2002) *The Cambridge Grammar of the English Language*, Cambridge University Press, Cambridge.
Iatridou, Sabine, Elena Anagnostopoulou, and Roumyana Izvorski (2001) "Observations about the Form and Meaning of the Perfect," *Ken Hale: A Life in Language*, ed. by Michael Kenstowicz, 189-238, MIT Press, Cambridge, MA.
Imai, Kunihiko, Heizo Nakajima, Shigeo Tonoike and Christopher D. Tancredi (1995) *Essentials of Modern English Grammar*, Kenkyusha, Tokyo.
今西典子 (2017)「時制の解釈と生涯効果」『〈不思議〉に満ちたことばの世界』高見健一・行田勇・大野英樹 (編), 250-254, 開拓社, 東京.
Inada, Shunichiro (2017) *A Unified Account for Restrictive Relative Structures at the Syntax-Semantics Interface*, Doctoral dissertation, Tokyo University.
Ippolito, Michela (2013) *Subjunctive Conditionals: A Linguistic Analysis*, MIT Press, Cambridge, MA.
James, Francis (1986) *Semantics of the English Subjunctive*, University of British Columbia Press, Vancouver.
Jespersen, Otto (1931) *A Modern English Grammar on Historical Principles*, Part IV, Carl Winters Universitätsbuchhandlung, Heidelberg.
Jespersen, Otto (1933) *Essentials of English Grammar*, George Allen and Unwin, London.
Kajita, Masaru (1968) *A Generative-Transformational Study of Semi-Auxiliaries in Present-Day American English*, Sanseido, Tokyo.
Kamp, Hans and Christian Rohrer (1984) "Indirect Discourse," ms., University of Texas, Austin and University of Stuttgart.
金子義明 (2009)『英語助動詞システムの諸相──統語論・意味論インターフェース研究──』開拓社, 東京.
金子義明 (2014)「英語における時制の一致の認可と時制解釈について」『東北大学文学研究科研究年報』63, 215-236.
柏野健次 (1999)『テンスとアスペクトの語法』開拓社, 東京.

Khomitsevich, Olga (2007) *Dependencies across Phases: From Sequence of Tense to Restrictions on Movement*, LOT (Netherlands Graduate School of Linguistics), Utrecht.

Kiparsky, Paul (2002) "Event Structure and the Perfect," *The Construction of Meaning*, ed. by D. I. Beaver, L. D. Casillas Martínez, B. Z. Clark and S. Kaufmann, 1-20, CSLI Publications, Stanford.

Kiparsky, Paul and Carol Kiparsky (1970) "Fact," *Progress in Linguistics: A Collection of Papers*, ed. by Manfred Bierwisch and Karl E. Heidolph, 143-173, Mouton, The Hague.

Kjellmer, Göran (1975) "Are Relative Infinitives Modal?" *Studia Neophilologica* 47, 323-332.

河野継代 (2012)『英語の関係節』開拓社, 東京.

Kozawa, Etsuo (1995) "Pragmatic Factors and the Sequence of Tenses in English,"『長谷川欣佑教授還暦記念論文集』, 馬場彰ほか (編), 413-426, 研究社, 東京.

Kratzer, Angelika (1998) "More Structural Analogies Between Pronouns and Tenses," *Proceedings from SALT VIII*, ed. by Devon Strolovitch and Aaron Lawson, 92-110, Cornell University, Ithaca, NY.

久保内端郎 (1971)「初期古英語の仮定法―その形態と用法―」『人文科学研究』(一橋大学研究年報) 13, 243-279.

久野暲・高見健一 (2013)『謎解きの英文法―時の表現―』くろしお出版, 東京.

Kruisinga, Etsuo (1932) *A Handbook of Present-Day English II: English Accidence and Syntax*, 3, 5th ed., Noordhoff, Groningen.

Kusumoto, Kiyomi (1999) *Tense in Embedded Contexts*, Doctoral dissertation, University of Massachusetts, Amherst.

Kusumoto, Kiyomi (2000) "Temporal Interpretation of Relative Clauses," *University of Massachusetts Occasional Papers in Linguistics 23: Issues in Semantics*, ed. by Kiyomi Kusumoto and Elisabeth Villalta, 83-100, University of Massachusetts, Amherst, MA.

Kusumoto, Kiyomi (2005) "On the Quantification over Times in Natural Language," *Natural Language Semantics* 13, 317-357.

楠本紀代美 (2012)「時制の一致現象と埋め込み文の時制解釈」『最新言語理論を英語教育に活用する』, 藤田耕司・松本マスミ・児玉一宏・谷口一美 (編), 290-299, 開拓社, 東京.

Ladusaw, William (1977) "Some Problems with Tense in PTQ," *Texas Linguistic Forum* 6, 89-102.

Lakoff, George (1970) "A Note on Ambiguity and Vagueness," *Linguistic Inquiry* 1, 357-359.

Lakoff, Robin (1970) "Tense and Its Relation to Participants," *Language* 46, 838-

849.
Lecarme, Jacqueline (2004) "Tense in Nominals," in Guéron and Lecarme, eds. (2004), 441-475.
Leech, Geoffrey (2004) *Meaning and the English Verb*, 3rd ed., Rutledge, London.
McCawley, James D. (1998) *The Syntactic Phenomena of English*, 2nd ed., University of Chicago Press, Chicago.
Maeda, Mitsuru (2000) "Distancing and the Subjunctive Mood in Old English," *Synchronic and Diachronic Studies on Language: A Festschrift for Dr. Hirozo Nakano* (*Linguistics and Philology* 19 (2000)), ed. by Masachiyo Amano et al., 363-378, English Linguistics Department, Nagoya University, Nagoya.
Martin, Roger (2001) "Null Case and the Distribution of PRO," *Linguistic Inquiry* 32, 141-166.
松村瑞子 (1996)『日英語の時制と相：意味・誤用論的観点から』開文社出版，東京．
Melara, Emilia (2016) "Deixis and Embedded Tense: Revisiting Tense in English and Japanese Subordinate Clauses," *Proceedings of ConSOLE XXIII*, ed. by Kate Bellamy et al., 32-51, Leiden University Centre for Linguistics, Leiden.
Merchant, Jason (2014) "Individual Anchors for Tenses: How Keats Learned to Read Before Shakespeare," *Linguistic Analysis* 39, 415-421.
Michaelis, Laura A. (1994) "The Ambiguity of the English Present Perfect," *Journal of Linguistics* 30, 111-157.
三原健一 (1992)『時制解釈と統語現象』くろしお出版，東京．
溝越彰 (2016)『時間と言語を考える──「時制」とは何か──』開拓社，東京．
Miyagawa, Shigeru (2012) "Agreements that Occur Mainly in the Main Clause," *Main Clause Phenomena: New Horizons*, ed. by Lobke Aelbrecht, Liliane Haegeman, and Rachel Nye, 79-112, John Benjamins, Amsterdam.
Musan, Renate (1995) *On the Temporal Interpretation of Noun Phrases*, Doctoral dissertation, MIT.
Musan, Renate (1997) "Tense, Predicates and Lifetime Effects," *Natural Language Semantics* 5, 271-301.
Musan, Renate (1999) "Temporal Interpretation and Information-Status of Noun Phrases," *Linguistics and Philosophy* 22, 621-661.
中右実 (1980)「テンス，アスペクトの比較」『日英語比較講座』第 2 巻，國廣哲彌（編），101-155，大修館書店，東京．
中島平三 (2006)『スタンダード英文法』大修館書店，東京．
中村捷・金子義明・菊地朗 (1989)『生成文法の基礎』研究社，東京．
中村捷・金子義明・菊地朗 (2001)『生成文法の新展開』研究社出版，東京．
長原幸雄 (1990) 『関係節』大修館書店，東京．
成田義光・長谷川存古（編）(2005)『英語のテンス・アスペクト・モダリティ』英宝社，

東京.
Nishiyama, Atsuko and Jean-Pierre Koenig (2010) "What Is a Perfect State?" *Language* 86, 611-646.
Ogihara, Toshiyuki (1988) "Draft Chapter of Dissertation," University of Texas, Austin.
Ogihara, Toshiyuki (1989) *Temporal Reference in English and Japanese*, Doctoral dissertation, University of Texas at Austin. [Distributed by Indiana University Linguistics Club, Bloomington.]
Ogihara, Toshiyuki (1995a) "Double-Access Sentences and Reference to States," *Natural Language Semantics* 3, 177-210.
Ogihara, Toshiyuki (1995b) "The Semantics of Tense in Embedded Clauses," *Linguistic Inquiry* 26, 663-679.
Ogihara, Toshiyuki (1996) *Tense, Attitudes, and Scope*, Kluwer Academic, Dordrecht.
Ogihara, Toshiyuki (1999) "Double-Access Sentences Generalized," *Proceedings from Semantics and Linguistic Theory IX*, ed. by T. Matthews and D. Strolovitch, 224-236, Cornell University, Ithaca, NY.
Ogihara, Toshiyuki (2003) "A Scope Theory of Tense and Adnominal Modifiers," *Empirical and Theoretical Investigation into Language: A Festschrift for Masaru Kajita*, ed. by Shuji Chiba et al., 567-576, Kaitakusha, Tokyo.
荻原俊幸（2016）『「もの」の意味，「時間」の意味―記号化に頼らない形式意味論の話―』くろしお出版，東京．
Oguro, Takeshi (2017) "Speech Act Phrase, Conjectural Questions, and Hearer," *University of Pennsylvania Working Papers in Linguistics* 23 (1), 191-199.
岡田伸夫（1985）『副詞と挿入文』大修館書店，東京．
小野茂・中尾俊夫（1980）『英語史 I』（英語学大系　第 8 巻）大修館書店，東京．
Ota, Akira (1963) *Tense and Aspect of Present-Day American English*, Kenkyusha, Tokyo.
大塚高信（編）（1970）『新英文法辞典』（改訂増補版）三省堂，東京．
大塚高信・中島文雄（監修）（1982）『新英語学辞典』研究社，東京．
Palmer, F. R. (1965) *A Linguistic Study of the English Verb*, Longmans, London.
Palmer, F. R. (1988) *The English Verb*, 2nd ed., Longmans, London.
Partee, Barbara (1973) "Some Structural Analogies Between Tenses and Pronouns in English," *The Journal of Philosophy* 70, 601-609.
Pesetsky, David and Esther Torrego (2001) "T-to-C Movement: Causes and Consequences," *Ken Hale: A Life in Language*, ed. by Michael Kenstowicz, 355-426, MIT Press, Cambridge, MA.
Pesetsky, David and Esther Torrego (2004) "Tense, Case, and the Nature of Syntactic Categories," in Guéron and Lecarme, eds. (2004), 495-537.

Pianesi, Fabio (2006) "Temporal Reference," *The Blackwell Companion to Syntax*, Vol. V, ed. by Martin Everaert and Hank van Riemsdijk, 94-136, Blackwell, Malden, MA.

Postal, Paul M. (1974) "On Certain Ambiguities," *Linguistic Inquiry* 5, 367-424.

Quirk, Randolph, Sydney Greenbaum, Geoffrey Leech and Jan Svartvik (1972) *A Grammar of Contemporary English*, Longman, London.

Quirk, Randolph, Sydney Greenbaum, Geoffrey Leech and Jan Svartvik (1985) *A Comprehensive Grammar of the English Language*, Longman, London.

Reichenbach, Hans (1947) *Elements of Symbolic Logic*, The Free Press, New York.

Riddle, Elizabeth (1978) *Sequence of Tenses in English*, Doctoral dissertation, University of Illinois, Urbana-Champaign.

Riddle, Elizabeth (1986) "The Meaning and Discourse Function of the Past Tense in English," *TESOL Quarterly* 20, 267-286.

Ross, John R. (1970) "On Declarative Sentences," *Readings in English Transformational Grammar*, ed. by R. A. Jacobs and P. S. Rosenbaum, 222-272, Ginn and Company, Waltham, MA.

Ross, John R. (1986) *Infinite Syntax!*, Ablex, Norwood, NJ.

Sakita, Tomoko I. (2002) "Discourse Perspectives on Tense Choice in Spoken-English Reporting Discourse," *Reported Discourse: A Meeting Ground for Different Linguistic Domains*, ed. by Tom Güldemann and Manfred von Roncador, 173-198, John Benjamins, Amsterdam.

Salkie, Raphael and Susan Reed (1997) "Time Reference in Reported Speech," *English Language and Linguistics* 1, 319-348.

Selkirk, Lisa (1970) "On the Determiner Systems of Noun Phrase and Adjective Phrase," ms., MIT.

Schlenker, Philippe (2004) "Sequence Phenomena and Double Access Readings Generalized," in Guéron and Lecarme, eds. (2004), 555-595.

Sharvit, Yael (2003) "Embedded Tense and Universal Grammar," *Linguistic Inquiry* 34, 669-681.

Smith, Carlota S. (2009) "The Syntax and Interpretation of Temporal Expressions in English," *Text, Time, and Context: Selected Papers of Carlota S. Smith*, ed. by Richard P. Meier, Helen Aristar-Dry and Emilie Destruel, 95-146, Springer, Dordrecht.

Spears, Peggy and Carol Tenny (2003) "Configurational Properties of Point of View Roles," *Asymmetry in Grammar*, ed. by Anna Maria Di Sciullo, 315-344, John Benjamins, Amsterdam.

Sportiche, Dominique (2006) "Reconstruction, Binding, and Scope," *The Blackwell Companion to Syntax*, Vol. IV, ed. by Martin Everaert and Hank van Riemsdijk,

35-93, Blackwell, Malden, MA.
Stechow, A. von (1995) "On the Proper Treatment of Tense," *Proceedings from SALT V*, ed. by Mandy Simons and Teresa Galloway, 362-386, Cornell University, Ithaca, NY.
Stowell, Timothy (1982) "The Tense of Infinitives," *Linguistic Inquiry* 13, 561-570.
Stowell, Timothy (1996) "The Phrase Structure of Tense," *Phrase Structure and the Lexicon*, ed. by Johan Rooryck and Laurie Zaring, 277-291, Kluwer Academic, Dordrecht.
Stowell, Timothy (2007) "The Syntactic Expression of Tense," *Lingua* 117, 437-463.
Swan, Michael (2005) *Practical English Usage*, 3rd ed., Oxford University Press, Oxford.
Sweet, Henry (1900) *The History of Language*, Dent, London.
田村幸誠 (2005)「英語補文時制の意味と形式の関係に関する一考察——複合グラウンディングの観点から——」成田義光・長谷川存古（編）(2005), 67-83.
田中一彦 (1990)「英語における時制の照応について」『英文学研究』67, 159-172.
Taylor, John (2002) *Cognitive Grammar*, Oxford University Press, Oxford and New York.
Ukaji, Masatomo (2010) "A Modest Proposal for 'Sequence of Moods'," 名古屋大学英語学研究室主催研究会講演（9月11日）ハンドアウト．
梅原大輔 (2005)「定形節補文の二つの時間解釈と Double Access Reading」成田義光・長谷川存古（編）(2005), 51-66.
Wada, Naoaki (1998) "On the Mechanism of Interpreting English Tenses in Indirect Speech Complement Clauses," *English Linguistics* 15, 167-194.
Wiltschko, Martina (2003) "On the Interpretability of Tense on D and Its Consequences for Case Theory," *Lingua* 113, 659-696.
Wurmbrand, Susi (2007) "Infinitives are Tenseless," *University of Pennsylvania Working Papers in Linguistics* 13 (1), 1-14.

索　引

1. 日本語は五十音順に並べた．英語（で始まるもの）はアルファベット順で，最後に一括した．
2. 〜は直前の見出し語を代用する．
3. 数字はページ数を表す．n は脚注を表す．

［あ］

曖昧性（ambiguity）　49, 62n, 124
曖昧文　48, 61n, 62, 70n, 120, 124, 129
アスペクト（Aspect）　187
アメリカ英語　130n

［い］

イギリス英語　122n, 130n
イタリア語　15, 126, 126n, 168, 168n, 169
一時的な状態　30n
一般的原理　51
一般的真理　1
移動のコピー理論（copy theory of movement）　126
意図性の力（intentional force）　172, 174n
イベント（event）　53, 125, 126
　〜位置（Event-position, E-position）　54, 55
　〜意味論（event semantics）　55, 180n
　〜項（event term）　55
　〜構造（event structure）　54
意味解釈　8, 40n, 48, 57-60, 64, 96, 125
　〜部門　59, 61, 63, 126
意味的圧力　99
意味的制約　75, 76

意味表示　70
意味論的・語用論的制約　155

［う］

埋め込み文（embedded sentence）　40n

［え］

英語教育　72, 74
英作文　66, 72
英文解釈　66, 72
絵文字（emoji）　39, 119n

［お］

オランダ語　15
音声解釈　64
　〜部門 →音声形式（部門）
音声形式（部門）（Phonetic Form (component), PF）　58, 63
音声言語　66
音声表示　70

［か］

顔文字　39, 119n
外部話者　145-148

格下げ（Downgrading） 20, 178, 179, 179n
隠された現在時制（concealed present） 11n
学習ストラテジー 57, 66, 67, 71
隠れた主語（PRO） 60
隠れた主節 37, 137, 163
隠れた節 → 隠れた主節
過去形（動詞） 1, 79, 94, 94n, 149
　真の〜 114n
　見かけ上の〜（dummy past tense） 11, 11n, 69, 70
　文字どおりの〜 70
過去時制 5, 49, 102
　絶対的〜 61n
　相対的〜 61n
　未来〜 7
過去進行形 3, 4
過去から見た未来 159n
過去において予定された未来（arranged-future-in-the-past） 3, 159n
過去における未来 3, 159n
仮想上の世界 32n
仮定法（subjunctive mood） 88, 90, 94n, 99, 102
　〜過去 30, 30n, 31, 94n, 100
　〜現在（present subjunctive） 31n, 110, 183n
　〜節 108
　〜の力 94n, 102
　〜の伝播 72, 91, 92, 94, 94n, 97, 98
可能世界（possible world） 172
関係節 56, 73, 74, 82, 89, 90, 99, 100n, 112, 114n, 115n, 116, 118, 123, 141-143, 164, 183n
　補部の〜 143
　制限的用法の〜 117
　非制限的用法の〜 117
完結性（telicity） 28n

完結的述語（telic predicate） 27
完結的性格（bounded nature） 27n
間接疑問文 40, 81
間接話法 10, 12, 21, 37, 40n, 149, 178
完了形 28n, 44, 47, 48n, 49, 51, 52n, 53, 71
　結果（状態）を表す〜（resultative perfect） 28, 51, 52

[き]

基準時 25
基底構造（underlying structure） 68, 142, 178, 179
基本的命題 162-164
疑問詞 41, 42n, 81, 142
疑問文 42n
旧情報 127n, 170
局所性（locality） 50
　〜（の）条件（locality condition） 51, 65n, 110
局所的構成素統御（local c-command） 182, 184
局所的統御（local command） 184

[く]

屈折句（Inflectional Phrase, IP） 66
屈折辞（Inflection, INFL, I） 64n, 126, 163, 164
屈折素性 67

[け]

敬語法 86
　〜の誤用 86
形式的な分析（formal analysis） 155
継承（inheritance） 67
形態的過去時制 96n

形態的規則　58
結果の目的語（object of result）　117n
言語運用（performance）　72
言語習得研究　187
現在時制要素　126

［こ］

語彙項目（lexical item）　66
古英語　104, 107
構成素統御（c-command）　59, 62, 142, 182
構造記述　177
構造変化　177
公的自己（public self）　15
公的表現（public expression）　15
後方転移（back-shifting）　10n
　〜読み（back-shifted reading, anteriority reading）　61, 70, 70n, 71, 113, 120, 140
心の演算　85
個人語　121n, 133n, 139
個人差　31, 46, 111, 122
個人的状況　156
古典ギリシア語　15
古典的分析（classical analysis）　58n
コピー　164
コミュニケーション構造（communication structure）　155
語用論　19n, 29, 76, 124n, 144
　〜的緩和語法（pragmatic softner）　2n
根文（root clause, root sentence）　163

［さ］

再分析　49
作用方向　175
サンスクリット語　15

［し］

時間的関係　112
時間的順序　112, 117
時間に制限のない現在時（timeless present）　30n
刺激の貧困（poverty-of-stimulus）　187
思考動詞（verb of thinking）　166, 172
自己制御可能な動詞　6n
自己制御不可能な動詞　6n
事象（event）→ イベント
　〜的述語（eventive predicate）　27n
　〜的動詞（eventive verb）　26, 27n, 130n
　〜動詞 → 事象的動詞
時制（tense）　1
　〜解釈　40n, 48
　〜形態素（tense morpheme）　59, 181, 182
　〜素性　66, 67
　〜調和（tense harmony）　10n
　〜の一致（sequence of tense(s), SOT）　8, 10, 11, 40n, 50, 71, 176
　〜の一致の例外　18, 22, 32, 73, 90, 123
　〜の照応　13
　〜の選択　76, 85
　〜パターン　145n
　〜表現　8
　〜要素　66-68, 73, 137, 163
　〜連結詞（temporal connective）　76n
　〜連結詞規則（rule for temporal connective, RTC）　76n
　絶対〜（absolute tense）　24
　相対〜（relative tense）　24
　直示〜　25
　見かけ上の〜　76
私的自己（private self）　15
私的表現（private expression）　15
自由間接話法（free indirect speech, style

indirect libre (Fr.)) 5n, 180n, 181n
自由変異 (free variation) 55
習慣的行為 26
主節主語 38, 119n, 137, 143, 147-149
主節動詞 166, 173
主張者 (assertor) 34
照応的過去時制要素 162
条件文 99
小節 (small clause) 137n
状態動詞 (stative verb) 25, 26, 28, 71, 127n
状態を表す動詞 → 状態動詞
焦点 84n, 171
　時制上の〜 (temporal focus, TF) 61n
上方制限 (upward boundedness) 177-179
初期近代英語 103
書記言語 66
叙実的述語 (factive predicate) 164, 166
叙実(的)動詞 (factive verb) 35n, 127n, 164, 165, 171
　非〜 (non-factive verb) 174n
真偽値 41, 42n, 86, 143
進行形動詞 4
新情報 128n, 170
心的演算 73
心的操作 8
心的惰性 (mental inertia) 72, 82-84, 97, 98
心的レキシコン 66
信念の世界 (world of belief) 133n, 135, 154, 172, 173
信念の体系 (belief system) 150n
真の現在時制 48
心理的作用 82, 85
心理的負担 85

[す]

遂行的分析 (performative analysis) 108, 137, 137n
遂行動詞 (performative verb) 137

[せ]

生成過程 58, 66, 68
セイリッシュ語族 (Salish) 160
接続詞 108
積極的理由 152, 154
先行詞 142
前提条件 132n
前方転移読み (forward shifted reading) 113, 141

[そ]

挿入句 38, 39, 119
　〜的性質 (parentheticality) 127n
束縛理論 (binding theory) 142
ソマリ語 (Somali) 160

[た]

第一言語習得 187
ダイクシス (deixis) 7
態度の過去 (attitudinal past) 2n
第二言語習得 72, 187
代名詞 142
絶たれた一致 (broken sequence) 24
談話 (discourse) 180n

[ち]

置換 (transposition) 10n
中英語 104, 107
朝鮮語 15

直示的解釈（deictic interpretation） 48
直示表現　7, 79
直説法（indicative mood） 90, 92, 102, 168n
　〜性（Indicativity） 109
直接話法　10, 12, 21, 37, 40n, 178
陳述文（statement） 42

[つ]

つなぎ留め（linking, anchoring） 63n

[て]

停止状態（cessation） 127n
定（形）節（definite clause） 52n, 155
丁寧表現　2n
転移（transfer） 183
　〜性解釈　61
　〜読み（shifted reading） 61, 61n
転写（copying） 183
　〜規則（copying rule） 187
伝達動詞（reporting verb） 34, 172
伝達（話）者（reporting speaker） 145n, 167, 173
伝統的時制の一致の規則　57, 63, 66, 70

[と]

等位項（conjunct） 82
等位構造　82
同一指示性（coreferentiality） 142
同一の事象　20n
同格節　89, 142
統語（的）規則　73
統語構造　60, 66, 67, 73, 96
　〜構築　73
統語素性　160
統語的規則　76n, 84, 155

統語的操作　73
統語部門　72
動詞の下位分類　155
同時性　126
　〜解釈　61
統率（government） 76
時（time） 1
　〜の概念　150n, 154
独立節　118, 119n

[な]

内在化された文法（internalized grammar） 154
内部話者　145-148
内容節　142

[に]

二重アクセス（double access） 125, 126, 129
　〜読み（double access reading, DAR） 68, 125, 164, 165, 168
偽の時制（false tense） 69
日英語の違い　13n, 15
日英語の比較　139
日本語　14n, 15, 40n, 86, 140, 141
任意的規則　60, 61
認可作用　183n, 186
認可条件　65n
　時制の一致〜　47n
認可要素（licenser, trigger） 92, 110, 183n, 185, 186
認知的演算　57
認知的計算　57

[は]

発話行為（speech act） 84n, 137, 139n,

～句（Speech Act Phrase） 139n
発話時（utterance time, time of utterance） 5, 7, 23, 25, 49, 84, 122, 122n, 125, 126, 135, 167
発話時点 → 発話時
発話者 37, 41, 61n, 119n, 131, 134, 138, 143
発話動詞 34, 127n, 164-166, 168, 169
発話内容 125
発話様態動詞（manner-of-speaking verb） 167, 169-171
話し手の意図 72
ハルコメレム語（Halkomelem） 160
ハンガリー語 15

［ひ］

比較 82
引き金（trigger） 47n, 185
非制限的な制限的関係節 118n
非直示的解釈（non-deictic interpretation） 49
被伝達部（reported speech） 172, 178
描出話法（represented speech） 5n, 180n

［ふ］

深さ制約（depth constraint） 110
副詞節 46, 74-76, 76n, 115n
副詞（的）表現 55, 56, 79n, 120, 150
複文構造 82
不定詞 13n, 60, 64n, 65n
　～関係節（infinitival relative clause） 13n
　～節（infinitival clause） 52n
　現実的～（realis infinitive） 13n
　非現実的～（irrealis infinitive） 13n

法的～（modal infinitive） 14n
普遍的真理 18, 22, 24n, 148
不明瞭性（vagueness） 62n
フラッシュバック（flashback） 180n
フランス語 93n, 181n
文の解釈 59
文の産出（production） 72, 73
文副詞 39, 39n, 119n
　～詞的表現 38, 39, 120n
文法性の判断 46
文法的現象 75
文法的操作 73
文法の内部組織 65

［へ］

併合（Merge） 67
ヘブライ語 15
変形規則 176

［ほ］

法（ムード） 90
方言 121n, 133n, 139
　～差 46
法助動詞（modal verb） 2n, 78n, 94, 96
法性（Modality, Mood） 109
　～標識形 109
補部（complement） 143
補文 73, 112, 115n, 123, 141
　～構造 56
　～標識（Complementizer, COMP, C） 67, 126, 126n, 163, 164, 168, 169
　～標識消去 → that 消去
ポーランド語 15

［み］

ミニマリスト・プログラム 126

ミニマリズム　67
未来時　8n

[む]

無標 (unmarkedness)　24n, 145n, 149
ムード (mood) → 法
　〜の一致 (sequence of moods)　102

[め]

名詞句　159
名詞表現　47n, 115n, 159, 160, 183n
命題内容　41, 134, 137, 146-148
メンタルスペース理論　90

[も]

モデル理論的意味論 (model-theoretic semantics)　59
もともとの話者 (original speaker)　145n

[ゆ]

有標 (markedness)　145n, 149
　〜的形式 (marked form)　155
　〜的言語表現 → 有標的形式

[よ]

読み (reading, interpretation)　34, 53, 54
　事象的〜　24
　絶対的〜　24
　直時的〜　24
　同時〜 (simultaneous reading)　60n, 61, 61n, 69, 71, 113, 120, 122n, 140, 164
　独立〜 (independent reading)　23-25, 36, 68, 73, 126, 143, 148, 154, 165, 167, 170
　話者指向の〜 (speaker-oriented reading)　24

[る]

類型論　140

[れ]

レキシコン (lexicon)　67
　心的〜　66

[ろ]

ロシア語　15
論理関係　154
論理形式（部門）(Logical Form, LF)　58, 96, 181

[英語]

A 過去 (A-Past)　48, 51, 52, 163
B 過去 (B-Past)　48, 52, 54, 163
C, COMP, Complementizer → 補文標識
de dicto（読み）　34, 35n, 36
de re 分析　133n
de re（読み）　33, 34, 35n, 36, 119n
Downgrading → 格下げ
here-and-now　33
[+honorific]　86
INFL, Inflection, I → 屈折辞
IP → 屈折句
LF → 意味解釈部門，論理形式（部門）
Past　1, 47n, 59-61, 66, 96
$Past_1$　48
$Past_2$　48

[past]　64n
[＋past]　47n, 66, 162
[－past]　66, 162, 163
PF → 音声形式（部門）
Present　1, 66, 126
PRO → 隠れた主語
RTC → 時制連結詞規則

R 読み（R-reading）　52n
S-構造（S-Structure）　58, 96
S-節点（S-node）　184
SOT → 時制の一致
TF → 時制上の焦点
that 消去　126n, 169
wh 疑問文　43, 83n

著者紹介

千 葉 修 司（ちば　しゅうじ）

　1942 年福井県生まれ．1965 年東京教育大学文学部（英語学専攻）卒業．1968 年同大学大学院修士課程（英語学専攻）修了．1970 年同大学院博士課程（英語学専攻）中退．大妻女子大学専任講師，津田塾大学教授を経て，現在，津田塾大学名誉教授．
　主な著書・論文：*Present Subjunctives in Present-Day English*（篠崎書林，1987），"On Some Aspects of Multiple Wh Questions"（*Studies in English Linguistics* 5, 1977），"On Transitive Verb Phrase Complementation in English"（*English Linguistics* 2, 1985），"Non-localizable Contextual Features: Present Subjunctive in English"（H. Nakajima (ed.), *Current English Linguistics in Japan*, Mouton de Gruyter, 1991），"Licensing Conditions for Sentence Adverbials in English and Japanese"（S. Chiba et al. (eds.), *Empirical and Theoretical Investigations into Language*, 開拓社，2003），『英語の仮定法——仮定法現在を中心に——』（開拓社，2013）．

開拓社叢書 32

英語の時制の一致
―― 時制の一致と「仮定法の伝播」――

ISBN978-4-7589-1827-5 C3382

著作者	千 葉 修 司	
発行者	武 村 哲 司	
印刷所	萩原印刷株式会社／日本フィニッシュ株式会社	

2018 年 7 月 18 日　第 1 版第 1 刷発行 ©

発行所　株式会社 開 拓 社

〒113-0023　東京都文京区向丘 1-5-2
電話　（03）5842-8900（代表）
振替　00160-8-39587
http://www.kaitakusha.co.jp

JCOPY ＜出版者著作権管理機構 委託出版物＞
本書の無断複製は，著作権法上での例外を除き禁じられています．複製される場合は，そのつど事前に，出版者著作権管理機構（電話 03-3513-6969, FAX 03-3513-6979, e-mail: info@jcopy.or.jp）の許諾を得てください．